《国际汉语教师证书》考试
应试指南

Test Preparation Guidebook for
Certificate of Teaching Chinese to Speakers of Other Languages

主编：梁社会　张小峰

编者：（按姓氏拼音顺序排列）
董星辰　何晓旦　陆哲懿　沈彤彤
束嘉宁　吴卉冬　于晓婷

图书在版编目(CIP)数据

《国际汉语教师证书》考试应试指南 / 梁社会，张小峰主编. —北京：北京大学出版社，2017.3
ISBN 978-7-301-28146-8

Ⅰ.①国… Ⅱ.①梁…②张… Ⅲ.①汉语—对外汉语教学—资格考试—自学参考资料 Ⅳ.① H195.3

中国版本图书馆 CIP 数据核字(2017) 第 043277 号

书　　　名	《国际汉语教师证书》考试应试指南 《GUOJI HANYU JIAOSHI ZHENGSHU》KAOSHI YINGSHI ZHINAN
著作责任者	梁社会　张小峰　主编
责任编辑	路冬月　王禾雨　宋立文
标准书号	ISBN 978-7-301-28146-8
出版发行	北京大学出版社
地　　　址	北京市海淀区成府路 205 号　100871
网　　　址	http://www.pup.cn　　新浪微博：@北京大学出版社
电子信箱	zpup@pup.cn
电　　　话	邮购部 62752015　发行部 62750672　编辑部 62753374
印　刷　者	三河市博文印刷有限公司
经　销　者	新华书店 889 毫米 ×1194 毫米　16 开本　14.5 印张　300 千字 2017 年 3 月第 1 版　2019 年 8 月第 3 次印刷
定　　　价	56.00 元

未经许可，不得以任何方式复制或抄袭本书之部分或全部内容。
版权所有，侵权必究
举报电话：010-62752024　电子信箱：fd@pup.pku.edu.cn
图书如有印装质量问题，请与出版部联系，电话：010-62756370

前 言

《国际汉语教师证书》考试是由孔子学院总部/国家汉办主办的一项标准化考试。考试依据《国际汉语教师标准（2012）》，通过对汉语教学基础、汉语教学方法、教学组织与课堂管理、中华文化与跨文化交际、职业道德与专业发展等五个标准能力的考查，评价考生是否具备担任国际汉语教师的能力。

《国际汉语教师证书》考试于2015年10月31日在全球第一次正式开考。该考试主要面向海外孔子学院（课堂）从事汉语教学的教师、志愿者；同时面向有志于从事国际汉语教育工作的各类人员，包括海内外各类教育机构的教师及相关专业学习者。

《国际汉语教师证书》考试分为笔试和面试两部分。笔试达到要求后，方可参加面试。

笔试全部为客观题，分为基础知识、应用能力、综合素质三部分，全卷共150题，满分150分。笔试试题主要采取案例导入式设计。案例源于教学实际，形式多样，包括：教材中的课文、教学大纲和计划、教案和教学日志、课内外活动方案、学生作业和答卷、网络和多媒体教学资源、学术论文和调研报告、教师事迹、新闻报道等。

我们在完成了按照新大纲编写的《〈国际汉语教师证书〉考试模拟试题集》的全部书稿后，为了帮助考生朋友们更好地准备《国际汉语教师证书》考试，有针对性地复习和掌握基础知识、应用能力、综合素质各部分的要点，立即着手启动了本书的编写工作，先后经过多轮讨论，三次审稿，反复修订与更新，方成此书。希望能给准备参加《国际汉语教师证书》考试的朋友们提供一些便利。

感谢责任编辑路冬月、王禾雨为本书出版所付出的辛苦努力，感谢在本书编写过程中给予大力帮助的各位同事和朋友，在此一并致谢。

本书可供参加《国际汉语教师证书》考试的考生使用，也可作为国家公派出国汉语教师、汉语教师志愿者和汉语国际教育教研人员的参考用书。

如果您在使用过程中有什么意见和建议，欢迎和我们联系。
E-mail：liangshehui@njnu.edu.cn。

编　者

目 录

第一部分　基础知识/ 1
　　概　述/ 1
　　例题详解/ 3
　　实战训练一/ 8
　　实战训练二/ 15

第二部分　应用能力/ 23
　　概　述/ 23
　　例题详解/ 25
　　实战训练一/ 28
　　实战训练二/ 38

第三部分　综合素质/ 49
　　概　述/ 49
　　例题详解/ 51
　　实战训练一/ 54
　　实战训练二/ 64

《国际汉语教师证书》考试仿真模拟试卷一/ 73

《国际汉语教师证书》考试仿真模拟试卷二/ 107

参考答案及解析/ 137
　　第一部分　基础知识/ 137
　　第二部分　应用能力/ 157
　　第三部分　综合素质/ 177
　　仿真模拟试卷一/ 179
　　仿真模拟试卷二/ 202

第一部分 基础知识

概 述

一、考试范围

《国际汉语教师证书》考试笔试试卷的第一部分是对基础知识的考查，主要内容是汉语教学基础与汉语教学方法。这部分知识是国际汉语教学的根基，也是汉语教师必须具备的基本知识。它不仅包含了跟汉语有关的语言知识和语言能力，也包含了跟第二语言学习和教学有关的指导理论。

汉语教学基础主要涵盖以下四个部分：

第一，汉语交际能力。该部分主要考查应试者是否具有符合职业需要的汉语口语和书面语交际能力，以及是否具有提高自身汉语水平的意识和能力。

第二，基本的汉语语言学知识和语言分析能力。汉语语言学知识包括两个方面：一是普通语言学理论，如语言的本质、语言的类型、语言和文字的关系等；二是汉语基础知识，如现代汉语概况以及汉语语音、词汇、语法特点等。语言分析能力部分主要针对汉语语音、词汇、语法、语义、汉字的分析能力进行考查。

第三，语言学习基本原理。该部分主要包括三个方面：一是了解第二语言习得的基本概念和主要理论；二是了解第二语言学习的基本过程；三是了解第二语言学习的主要影响因素。

第四，语言教学基本原则与方法。该部分主要包括两个方面：一是熟悉第二语言教学的一般原则，并具有将其与汉语教学实践相结合的意识和能力；二是熟悉第二语言教学的主要方法。

汉语教学方法主要涵盖四个部分：一是汉语教学的基本原则与方法；二是语言要素教学，要求国际汉语教师应掌握现代汉语语音、词汇、语法和汉字教学的基本原则、方法与技巧，了解汉外语言主要异同，并能够进行有针对性的教学；三是汉语技能教学，要求国际汉语教师应掌握汉语听说读写教学的特点、目标、原则与方法，并能进行有效的教学；四是现代教育技术，要求国际汉语教师应具有运用现代教育技术进行汉语教学的能力。

二、试题特点

基础知识部分的题量和分值固定，有50道题，共计50分，题型均为单项选择。所有试题都采取案例导入式设计，案例内容丰富、形式多样，主要来源于教材中的课文、学生作业或答卷、教学大纲和计划等。该部分侧重于汉语基础知识和语言分析能力的考查，主要涉及汉语语音、词汇、语法、汉字等方面的知识，以及第二语言教学的基本理论、原则与方法，如习得理论、偏误分析等。

三、应试策略

基础知识部分的体系虽然庞杂，但试题切入点往往非常细，这就需要考生既要把握普遍语言学理论和现代汉语的概况，以及第二语言教学的主要原则与方法，同时也要把握零碎细小的知识点。建议考生在复习该部分内容时，遵循从大到小、从宏观到微观的原则，先整体把握汉语教学基础的知识体系，然后细细探索每一个分支结构中的知识内容。如现代汉语主要包括语音、词汇、语法、汉字等知识，在熟悉该体系后再去探索语音部分中的音节、音素、音位、发音方法、语流音变等知识。考生在复习时要细致耐心，在广泛阅读的同时也要注意整理归纳和知识积累，对疑难点也要逐一攻破。

四、复习范围

考生在复习时可参考以下书目：《现代汉语》（黄伯荣、李炜）、《现代汉语通论》（邵敬敏）、《语言学纲要》（叶蜚声、徐通锵）、《古代汉语》（王力）、《对外汉语教育学引论》（刘珣）、《对外汉语教学概论》（赵金铭）、《对外汉语教学入门》（周小兵）、《实用现代汉语语法》（刘月华）、《语法讲义》（朱德熙）、《对外汉语教学语法释疑201例》（彭小川）、《作为第二语言的汉语本体研究》（陆俭明）、《汉语作为第二语言学习者研究》（丁安琪）、《第二语言学习理论研究》（王魁京）、《汉语作为第二语言的习得与教学》（温晓虹）、《第二语言习得导论——对外汉语教学视角》（刘颂浩）等。

例题详解

第一题

请从 A－E 中选出与文中画线词语相对应的术语。每种术语只能选择一次，其中有一个多余选项。

　　我每天早上七点起床，然后洗澡，吃早饭喝（1）咖啡，准备去上课。我们的课上到十二点，下课后我跟朋友（2）们一起去吃午饭。有时，我下午有课，所以吃饭后回家休息一下。四点左右我又去上课到六点。下课后，我也跟朋友去吃晚饭，但有时候我回家做饭。吃完饭以后，我会去洗澡并打扫一下房间。什么（3）事儿都做完了，我开始复习和预习，准备明天的课。我每天学习到十点或者十一点左右，学习完以后准备（4）睡觉。我每天就是这样，朝九晚五，很没意思，对不对？

A. 单纯词
B. 短语
C. 单音词
D. 不自由语素
E. 离合词

1. _____
2. _____
3. _____
4. _____

【答案】 A、D、C、E

【考点】 本大题考查对汉语词语术语的理解。

【详解】 1. "咖啡"是单纯词。在汉语中，由一个语素单独构成的词叫作单纯词。这种语素是自由的不定位语素，其中以单音节为主，如：天、江、水、田等；也有双音节的和多音节的，如：崎岖、橄榄、蝴蝶、咖啡、扑通、姥姥，巧克力、高尔夫、奥林匹克等。单纯词的语音结构不是单一的，其中有单音节的，也有多音节的，多音节的无论音节有多少，单个的音节都不表示意义，只有几个音节组合起来才能表示意义。对于多音节的单纯词而言，其内部的声音形式之间可能具有不同方面的联系。多音节的单纯词从声母、韵母、音节之间有无联系，有什么样的联系角度分析，可以分为以下几种：

（1）联绵词

联绵词是由两个音节连缀成义的单纯词，包括双声联绵词、叠韵联绵词、非双声叠韵联绵词。

双声联绵词指构成的两个音节的声母相同的联绵词，如：仿佛、伶俐、蜘蛛、蹊跷、坎坷、参差、忐忑、含糊、澎湃等。

叠韵联绵词指构成的两个音节的韵母相同的联绵词，如：骆驼、逍遥、混沌、霹雳、蹉跎、朦胧、辘轳、迷离等。

非双声叠韵联绵词指构成的两个音节既非双声又非叠韵的联绵词，如：葡萄、蝴蝶、鸳鸯、芙蓉、鹧鸪、蜈蚣、囫囵等。

（2）叠音词

叠音词指由一个音节重叠而成的词，如：猩猩、侃侃、翩翩、孜孜、冉冉、迢迢、谆谆等。

（3）拟声词

拟声词是模拟客观事物、现象的声音而形成的词，如"嘎吱""叮当""扑通""哗啦""轰隆""扑哧""稀里哗啦"等，单个的音节或者没有意义，或者与原来的意义毫不相干。

（4）译音词

译音词是指模拟外语词的声音形式而形成的词，如"咖啡""的士"即是模拟英语词的声音形式形成的词，类似的还有"幽默""吉普""马拉松""白兰地"等。音译词即使音节数很多，单个的音节也没有意义。

2. "们"是不自由语素。不能独立成词，只能同别的语素组合成词的语素叫不自由语素。例如：示—表示、启示、演示、示范、示众，习—学习、习惯、习气、习题、复习。"们"也是不自由语素，它不能独立成词，只能和其他语素组合，组成"我们、他们、你们"等词语。

3. "事儿"是单音词。单音词指的是只有一个音节的词。现代汉语中的语素绝大部分是单音节的，如山、水、花、草、人等。在上古汉语书面语和后代仿古的文言文中，单音词一直占主导地位。有些双音节单位与现代汉语中的双音词同形，很容易被作为双音词看待，但实际上并不是双音词，而是单音词的组合。单音词（除儿化词外）只能是单纯词，多音词可能是合成词，也可能是单纯词；单纯词可能是单音词，也可能是多音词；合成词一定是多音词。儿化词是单音词的一个分支，"事儿"是由"事"和"儿"两个音节合成的一个音节。

4. "睡觉"是离合词。现代汉语中的"离合词"是涉及词汇和语法两个方面的一种特殊现象。相对离合词而言，汉语中大量的词是不能离合使用的，如"修辞""改善""得罪""抱歉"等等，就不能把词中的两个字拆开使用。离合词最早于1983年由李清华在对外汉语教学界提出。他认为离合词是词而不是短语，后有人认为是短语，有人认为既是词又是短语。但从对外汉语教学的角度来说，更趋向于认为是一种特殊的词。那如何区分离合词呢？离合词主要包括以下三类：

（1）述宾式动词，如："洗澡、毕业、操心、散步、道歉、鞠躬"等；

（2）动结式动词，如："打断、达到、碰见、抓紧"等；

（3）动趋式动词，如："出来、下去、分开、指出、起来"等。

凡是中间可以插入一个独立的语言成分（诸如：得、不、了、着、过、结果补语、趋向动词、量词等）都算作离合词。如"洗澡"的"洗"后面可以加上"了、着、过"变成"洗了澡、洗着澡、洗过澡"，也可以加上结果补语、趋向动词变成"洗完澡、洗起澡来"。"澡"的前面也可以加上名词、数量词变成"洗凉水澡、洗一个澡"。因此"洗澡"是一个离合词。

第二题

> 20世纪70年代，克拉申提出了"语言监控模式"的理论。这一理论又包括五个假说，分别为习得与学习假说、自然习得顺序假说、语言监控假说、输入假说、情感过滤假说。
>
> 情感过滤
> 语言输入 ——→ ┆ 语言习得机制 ┆ ——→ 习得的能力
>
> 1. 上图属于克拉申"语言监控模式"中的哪一假说？
>   A. 输入假说　　　　　　　　B. 语言监控假说
>   C. 情感过滤假说　　　　　　D. 自然习得顺序假说
>
> 2. 根据"情感过滤假说"，下列哪项**不是**影响学习者习得的情感因素？
>   A. 态度　　B. 动机　　C. 自信　　D. 语言学习能力
>
> 3. 在"语言监控模式"中有"i+1"理论，其中 i 代表学习者的：
>   A. 学习目标　　　　　　　B. 现有语言水平
>   C. 学习其他语言的经历　　D. 对目的语的热爱程度
>
> 4. 人们用母语表达时会脱口而出，但是用第二语言表达时，经常会不自觉地留意自己的语言是否正确。根据"监控假说"，学习者的监控会发生在：
>   A. 语言输出之前　　　　　B. 语言输出期间
>   C. 语言输出之后　　　　　D. 以上三个阶段皆可能
>
> 5. "自然顺序"是指儿童在习得母语规则和语言项目时遵循一种相似的习得顺序。"自然习得顺序假说"认为成人第二语言学习者：
>   A. 不存在自然习得顺序
>   B. 同样存在自然习得顺序
>   C. 有时存在自然习得顺序，有时不存在
>   D. 是否存在要根据成人的具体年龄而定

【答案】C、D、B、D、B
【考点】本大题考查对克拉申"语言监控模式"各个假说的理解。

【详解】 1. 情感过滤假说认为，有大量的可理解输入的环境并不等于学生就可以学好目的语了，第二语言习得的过程还要受许多情感因素的影响。语言输入必须通过情感过滤才有可能变成语言"吸收"（intake）。情感过滤假说的理论基础是情感过滤器理论，根据该理论，第二语言习得的成功取决于学习者的情感因素。克拉申把情感因素看作是可以调节的过滤器，这个过滤器可以起到促进或阻碍语言输入的作用。语言的输入只有通过过滤器才能达到语言习得机制，并为大脑所吸收。

2. 情感过滤假说强调了在二语习得过程中学习者的情感因素对语言的输入起着过滤的作用，学习者的情感因素会阻碍或加速语言的习得。情感因素包括动机、自信、学习者的态度、焦虑状况等，若学习者学习目的明确，学习动机高，自信心强，焦虑感适度且态度端正，"情感过滤"就弱，反之，"情感过滤"就强。在语言习得中，如果"情感过滤"太强，大脑中会形成障碍，语言输入就会遇到阻碍，无法进入语言习得机制，结果会无法产生语言习得。因此，只有降低"情感过滤"，消除学生的心理障碍，学生才能积极地学习。

3. "i+1"理论是输入假说的重要内容。克拉申认为，只有当习得者接触到"可理解的语言输入"（comprehensive input），即略高于他现有语言技能水平的第二语言输入，而他又能把注意力集中于对意义或对信息的理解而不是对形式的理解时，才能产生习得。这就是他著名的i+1公式，i代表习得者现有的水平，1代表略高于习得者现有水平的语言材料。根据克拉申的观点，这种i+1的输入并不需要人们故意地去提供，只要习得者能理解输入，而又有足够的量时，就自动地提供了这种输入。

4. 监控假说（The Monitor Hypothesis）与习得—学得区别假说密切相关，它体现了"语言习得"和"语言学习"的内在关系。根据这个假说，语言习得与语言学习的作用各不相同。语言习得系统，即潜意识语言知识，才是真正的语言能力。而语言学得系统，即有意识的语言知识，只是在第二语言运用时起监控或编辑作用。这种监控功能既可能在语言输出（说、写）前，也可能在其后，还可能发生在语言输出期间。但是，它能否发挥作用还得依赖于三个先决条件：第一，有足够的时间，即语言使用者必须要有足够的时间才能有效地选择和运用语法规则；第二，注意语言形式，即语言使用者的注意力必须集中在所用语言的形式上，也就是说，必须考虑语言的正确性；第三，知道规则，即语言使用者必须具有所学语言的语法概念及语言规则知识。在口头表达时，人们一般注意的是说话的内容而不是形式，没有时间去考虑语法规则。因此，在说话时，如果过多地考虑使用语法监控，不断地纠正自己的语法错误，说起话来就会结结巴巴，妨碍交际进行。在书面表达时，情况就会好得多，因为作者有足够的时间推敲字句，斟酌语法。

5. 所谓"自然习得顺序"是指儿童在习得母语语法规则和语言项目时遵循一种相似的习得顺序。就某种语言而言，学习者总是先掌握某种语法结构，而另一种语言结构掌握得相对较晚。自然顺序假说（The Natural Order Hypothesis）认为，人们对语言结构知识的习得是按自然顺序进行的。例如，一些实验表明，在儿童和成人将英语作为第二语言学习时，掌握进行时先于掌握过去时，掌握名词复数先于掌握名词所有格等。并且，克拉申认为，成人第二语言学习者也存在着自然习得顺序。尽管第二语言学习者的母语背景不同，文化背景存在差异，但是他们的第二语言习得顺序却非常相似。这种自然习得顺序是语言系统习得的产物，是可以预测的，与学习者通过学习获得的语法知识无关。

实战训练一

第1—6题

> 汉字是世界上历史最悠久的文字之一。世界上其他一些古老的文字,如古埃及的圣书字和美索不达米亚的楔形字,在两千多年前就先后消亡,成为历史的化石。唯独汉字却世世代代流传下来,历经几千年而不衰。当今世界上还没有一种文字能够像汉字这样源远流长,历史悠久。汉字不仅是中国的,而且是世界的文化瑰宝。

1. 下列关于汉字的说法,**不正确**的是:(　)
   A. 汉字基本上是一种表意文字
   B. 汉字基本上是一种音素文字
   C. 汉字在形体上呈现为方块结构
   D. 汉字是形音义的统一体

2. 下列哪个字的演变属于字形结构繁化这一现象?(　)
   A. 箕　　　　　　　　B. 车
   C. 马　　　　　　　　D. 声

3. "末""刃"属于:(　)
   A. 象形字　　　　　　B. 形声字
   C. 指事字　　　　　　D. 会意字

4. (　)的出现在字体演变史上的地位最为重要,是古今汉字的分水岭。
   A. 小篆　　　　　　　B. 楷书
   C. 金文　　　　　　　D. 隶书

5. (　)是由笔画组成的,能独立运用的,具有组配汉字功能的构字单位。
   A. 部件　　　　　　　B. 部首
   C. 偏旁　　　　　　　D. 笔顺

6. 下列哪个汉字的造字方法和"休""林"一样?(　)
   A. 本　　　　　　　　B. 采
   C. 果　　　　　　　　D. 禾

第 7－12 题

请选出下列每组词所对应的词汇类型，在 A－G 中进行选择，其中有一个多余选项。

7. 阿姨　椅子　老师　花儿
8. 逍遥　忐忑　蝴蝶　潺潺
9. 书籍　激光　缄默　血型
10. 坚强—脆弱　有—无　祸—福　朋友—敌人
11. 巴士　扑克　麦当劳　蒙太奇
12. 国企　扫盲　节能　高中

A. 联绵词
B. 反义词
C. 派生词
D. 缩略词
E. 单义词
F. 叠音词
G. 音译词

第 13－18 题

请选出下文中画线句子所对应的类型，在 A－G 中进行选择，其中有一个多余选项。

　　（13）爱因斯坦的父亲和杰克大叔去清扫一个大烟囱。但那烟囱，（14）只有踩着里边的钢筋踏梯才能上去。于是杰克大叔在前，爱因斯坦的父亲在后，一级一级地爬上去。下来时，杰克大叔依旧在前，爱因斯坦的父亲跟在后面。当他们走出烟囱的时候，杰克大叔的后背、脸上全都被烟囱里的烟灰蹭黑了，（15）而爱因斯坦的父亲身上连一点烟灰也没有。

　　爱因斯坦的父亲看见杰克大叔的模样，心想自己的脸肯定和他一样脏，于是就到附近的小河里洗了又洗；而杰克大叔看见了爱因斯坦父亲干干净净的样子，就只草草洗了洗手，然后大模大样地上街了。（16）街上到处都是来来往往的人，他们笑痛了肚子，还以为杰克大叔是个疯子哩。

　　这是爱因斯坦 16 岁时，他父亲给他讲的一个自己经历过的故事，（17）这个故事教会了他很多东西。父亲说："其实，只有自己才是自己的镜子；（18）如果拿别人做镜子，白痴或许会把自己照成天才的。"

　　父亲的故事照亮了爱因斯坦的一生。爱因斯坦时时用自己做镜子来审视自己，终于映照出了生命的光辉。

13. _____
14. _____
15. _____
16. _____
17. _____
18. _____

A. 假设条件句
B. 连动谓语句
C. 双宾语句
D. 必要条件句
E. 让步复句
F. 主谓谓语句
G. 存现句

第19—25题

今天是星期六，一周紧张的学习结束了。听说时代商场正在打折，丁荣就约了李明爱一起去那儿买东西。她们原来打算骑自行车去，可是李明爱的车让别人借走了。丁荣说怎么去都可以，她们俩就决定坐3路车去。来到商场，发现那里到处都是人，挤得很。丁荣让李明爱放好钱包和手机，别叫小偷偷走了。她们在商场里逛了差不多三个钟头，转遍了整个商场，买了很多东西，两个人带的钱也快花光了。虽然有点儿累，丁荣的脚还被踩了一下，但买到了漂亮的衣服和鞋，而且因为打折，还省了不少钱，两个人都很兴奋。李明爱说回去以后要告诉其他同学，这是买东西的好机会。

19. "李明爱的车让别人借走了"这句话属于：（　）
   A. 被动句　　　　　　　　B. 兼语句
   C. 连动句　　　　　　　　D. 存现句

20. 本课最可能的语法点是：（　）
   A. 疑问代词　　　　　　　B. 结果补语
   C. 把字句　　　　　　　　D. 省略句

21. "怎么方便怎么做"中的"怎么"表示：（　）
   A. 任指　　　　　　　　　B. 虚指
   C. 承指　　　　　　　　　D. 例指

22. 关于"到处"和"处处"，下列说法**不正确**的是：（　）
   A. 都是表示总括的范围副词
   B. 在口语和书面语中都能用
   C. 表示"各个方面"时可互换
   D. 大多数情况下在判断动词"是"前可互换

23. 你认为本课**不需要**特别解释的词语是：（　）
   A. 原来　　　　　　B. 省
   C. 遍　　　　　　　D. 商场

24. "丁荣的脚还被踩了一下"中"踩了一下"这个语法点最适合用什么方法进行展示？（　）
   A. 利用图片　　　　　　　B. 设置情景
   C. 利用生词　　　　　　　D. 利用实物

25. 学完本课之后，最适合练习的话题是：（　）
   A. 讲讲你喜欢的运动　　　B. 谈论一次旅行的经过
   C. 描述一下你的老师　　　D. 说说你最近的情况

第 26－29 题

以下是一位韩国学生在学习了生词后完成的造句作业：
(1) 熟悉：上星期我买了新的手几，所以手机不熟悉。
(2) 等：这次国际会义参加的有韩国、英国、德国等。
(3) 朝：房子选择的时候，韩国人大部分选择朝南的房子。
(4) 意见：在这讨论提出了一个意见。
(5) 安静：教室里安静极了。
(6) 接触：我想接触很多中国人。
(7) 星期：他全星期心情都不好。

26. 句（1）至句（7），**没有出现**的偏误形式是：（ ）
    A. 错序 B. 遗漏
    C. 冗余 D. 误代

27. 上述造句中，学生在写汉字时出现了哪方面的问题？（ ）
    A. 丢失偏旁 B. 增加笔画
    C. 丢失笔画 D. 同音字误用

28. 句（7）偏误产生的原因是：（ ）
    A. 目的语负迁移 B. 母语负迁移
    C. 学习策略不当 D. 文化因素负迁移

29. 下列句子和句（3）偏误原因一致的是：（ ）
    A. 我周末去打打球。
    B. 他气得不说话。
    C. 这个菜我很多吃了。
    D. 我没有时间，所以我很着急了。

第 30－34 题

儿童第一语言习得"是一个艰苦、复杂而又漫长的过程，而不是像某些人所说的那样是一个轻松愉快而又简短的过程"。几十年来，不同学派的心理学家、语言教育家一直在试图做出某种合理的解释。而由于研究的指导思想、方法和角度不同，出现了很多不同的理论，有些还是针锋相对的，其中最主要的理论和假说有：刺激—反应论、先天论、认知论和语言功能论。

30. 先天论又称"内在论"，它的代表人物是：（ ）
    A. 斯金纳 B. 韩礼德
    C. 乔姆斯基 D. 塞林克

31. 在认知论中，认知结构的组成部分被称为：（ ）
    A. 构式　　　B. 图式　　　C. 模式　　　D. 模型

32. 在认知论中，儿童遇到新事物时，希望将其结合到原有的认知结构中，使其成为自身的一部分，这一过程叫作：（ ）
    A. 内化　　　B. 顺应　　　C. 同化　　　D. 平衡

33. 从语言交际功能的角度研究儿童语言发展的理论是：（ ）
    A. 认知论　　B. 语言功能论　C. 先天论　　D. 刺激—反应论

34. 先天论中提出的"语言习得机制"包括两部分："普遍语法"和（ ）。
    A. 评价语言信息的能力　　　B. 交际的能力
    C. 接收言语信息的能力　　　D. 适应环境的能力

第35—39题

> 对外汉语教学在其发展过程中，一直受到世界第二语言教学各种教学法流派的影响，并不断吸取营养。其中影响较大的流派有认知派、经验派、人本派、功能派等。这些流派各有独创之处，也有不足之处，异彩纷呈，各领风骚，都为第二语言教学理论的发展做出了重大贡献。

35. 经验派强调的是：（ ）
    A. 自觉掌握　　　　B. 情感因素
    C. 习惯养成　　　　D. 交际运用

36. 下列**不属于**人本派教学法的是：（ ）
    A. 自觉对比法　　　B. 暗示法
    C. 默教法　　　　　D. 全身反应法

37. 语法翻译法的心理学基础是：（ ）
    A. 联想主义心理学　B. 官能心理学
    C. 行为主义心理学　D. 认知心理学

38. 在交际法中，交际的三大要素之一是：（ ）
    A. 情境　　　　　　B. 情景
    C. 心理　　　　　　D. 功能

39. 关于听说法，下列说法**不正确**的是：（ ）
    A. 听说法重视意义超过结构和形式
    B. 听说法不强调学习语言的变体
    C. 操练是听说法的主要方法
    D. 听说法以教师为中心

第 40—44 题

以下是教师教学日志中的一些反思性问题：
1. 教学指向的问题
   我使用什么教学技巧？
   我认为我的课应该做哪些改变？
   我做了哪些教学决策？
   课堂上出现什么类型的师生互动？
   ……
2. 学生指向的问题
   学生们积极参与这节课了吗？
   这节课对他们有挑战性吗？
   他们对什么反应欠佳？
   ……

40. 提出"反思性实践"这个概念的是：（ ）
    A. 杜威　　　　　　　　B. 赫尔巴特
    C. 肖恩　　　　　　　　D. 夸美纽斯

41. 下列**不属于**反思性教学特点的是：（ ）
    A. 客体性　　　　　　　B. 开放性
    C. 循环性　　　　　　　D. 问题性

42. 范梅南（van Manen，1977）提出反思性思维有三个层次不同的阶段，分别是（ ）的合理性阶段、合理行为阶段和批判性反思阶段。
    A. 要素　　　　　　　　B. 技能
    C. 技术　　　　　　　　D. 方法

43. 下列最有可能归入教学指向问题的是：（ ）
    A. 作为语言教师，我的优势是什么？
    B. 我是怎样帮助学生的？
    C. 我认为学生从这节课中确实学到了什么？
    D. 我的备课内容合适吗？是否如期完成了教学任务？

44. 汉语教师心理健康的三层含义**不包括**：（ ）
    A. 在任教国家或地区有良好的个人适应和社会适应
    B. 能在教学活动中不断学习，不断进步，不断创造
    C. 良好的适应状态和积极态度会持续相当一段时间
    D. 能在现有条件下积极发挥潜能，争取教学效果最优化

第 45－50 题

> 下面是一位印尼老师和一位中国老师关于教材的议论：
> ……
> 中国老师："您说的有道理，这种可能性比较大。所以，这就需要汉语教师备课时对教材要有一个整体的把握，备课时不仅要备生词、语言点、课文、教学策略和课堂活动等，还要备课后练习。课后练习是一个教学单位的重要组成部分，一般是用来反馈教学信息的。但有的编者考虑到语言点的系统性，也会将一些新的语言项目融入课后练习中，这就需要我们教师备课时根据语言点的重要性、实用性原则，结合具体课文对教学内容进行再加工，给予适当补充……"
> 印尼老师："您这么一说，似乎教学不能完全按照教材来教授，这一课'比字句'要补充的内容还真不少。本来以为'比'字句很简单，而且教材上讲得也比较简单，在课堂上也让学生进行了大量的情景操练，当时操练得还不错，还以为教学任务完成了呢。"
> 中国老师："是的，我们常犯这样的错误。"
> ……

45. 下列**不属于**教材编写的直接理论依据的是：（ ）
    A. 中介语理论   B. 可理解的输入
    C. 学习者的个体因素   D. 文化大纲

46. 教学计划是以（ ）为核心的总体设计的具体体现。
    A. 课程设计   B. 课堂管理
    C. 教学内容   D. 教学目的

47. 20 世纪 80 年代以来，我国对外汉语教材编写遵循的主要套路是：（ ）
    A. 结构—功能型   B. 话题型
    C. 功能型   D. 功能—结构型

48. 关于教学内容的编排顺序问题，下列原则**不甚适用**的是：（ ）
    A. 循序渐进   B. 加强重现
    C. 直观全面   D. 以旧引新

49. 备课是课堂教学的基础，下列**不属于**具体备课工作的是：（ ）
    A. 分析教学对象   B. 分析教材
    C. 组织课堂   D. 确定教学方法

50. 关于对外汉语课堂教学，下列说法正确的是：（ ）
    A. 以知识传授为最终目的
    B. 应以学习者为主进行语言操练和交际活动
    C. 以一课书为单位或以一节课为单位划分
    D. 教学气氛应保持严肃

实战训练二

第1—9题

> 走进一看，只见店铺内矮墙旁设有一口开水大锅，包好的白面饺子，好似一只只白色的小鸟，一个接一个地越墙而过，不偏不倚正好落入滚沸的锅中。饺子铺的伙计，忙前忙后地招呼着顾客。王羲之顺手掏出一些散碎银两，要了半斤饺子，然后坐下。这时他才发现，饺子个个玲珑精巧，好像浮水嬉戏的鸭子，真是巧夺天工！他用筷子将饺子夹起，慢慢地送到嘴边，轻轻地一咬，顿时，香气扑鼻，鲜美溢口。不知不觉间，一盘饺子，全部下肚。

1. "墙"（qiáng）这个音节由（　）个音素构成。
   A. 2　　　　B. 3　　　　C. 4　　　　D. 5

2. "饺"这个字的构成属于哪种造字法？（　）
   A. 象形　　　B. 形声　　　C. 指事　　　D. 会意

3. "伙计"的正确读音和意思分别是：（　）
   A. huǒ ji 店员　　　　　B. huǒ ji 兄弟
   C. huǒ jì 店员　　　　　D. huǒ jì 兄弟

4. "玲珑"属于：（　）
   A. 双声词　　　　　　　B. 叠韵词
   C. 外来词　　　　　　　D. 非双声叠韵词

5. "羲"的笔画数总共是：（　）
   A. 14　　　　B. 15　　　　C. 16　　　　D. 17

6. "沸"的第六笔是：（　）
   A. 横　　　　　　　　　B. 竖折折钩
   C. 竖　　　　　　　　　D. 横折钩

7. "招呼"的正确读音和意思分别是：（　）
   A. zhāo hū 致意　　　　B. zhāo hu 关照
   C. zhāo hu 致意　　　　D. zhāo hū 关照

8. 从结构上来说，现代汉字"儿"属于：（　）
   A. 左右结构　　　　　　B. 左中右结构
   C. 独体结构　　　　　　D. 离散结构

9. 王羲之擅长行书，以下字体属于行书的是：（　）
   A. 東　　　B. 秋　　　C. 所　　　D. 無

第 10—15 题

请选出下列现代汉语术语所对应的名词解释，在 A—G 中进行选择，其中有一个多余选项。

10. 又叫音质，就是声音的特色，是不同的声音能够互相区别的最基本的特征，它决定于声波振动的形式。
11. 从音色角度划分出来的最小的语音单位。
12. 语音结构的基本单位，也是自然感到的最小的语音片段。
13. 一个语言系统中能够区别意义的最小语音单位，是根据语音的辨义作用归纳出来的音类。
14. 具有区别意义的作用，主要是由音高变化构成的。
15. 是四声的一种特殊音变，即在一定条件下读得又短又轻的调子。

10. _____
11. _____
12. _____
13. _____
14. _____
15. _____

A. 音素
B. 儿化
C. 轻声
D. 音节
E. 音色
F. 声调
G. 音位

第 16—21 题

请选出下列句子所对应的辞格，在 A—G 中进行选择，其中有一个多余选项。

16. 没有智慧的头脑，就像没有蜡烛的灯笼。（列夫·托尔斯泰）
17. 中国人民中间，实在有成千上万的"诸葛亮"，每个乡村，每个市镇，都有那里的"诸葛亮"。
18. 那肥大的荷叶下面，有一个人的脸，下半截身子长在水里。那不是水生吗？（孙犁《荷花淀》）
19. 隔壁千家醉，开坛十里香。
20. 姓陶不见桃结果，姓李不见李花开。（《刘三姐》）
21. 野火烧不尽，春风吹又生。

16. _____
17. _____
18. _____
19. _____
20. _____
21. _____

A. 比喻
B. 夸张
C. 对偶
D. 比拟
E. 借代
F. 双关
G. 排比

第 22－27 题

> 甲：快说，咱们吃什么？小姐等着呢。
> 乙：来个尖椒牛肉吧。
> 甲：好，辣的，我爱吃。我想要个炒蘑菇。
> 丙：再来个鱼吧。
> 甲：我从小就不爱吃鱼。不论怎么做，我都不爱吃。
> 丙：这儿的鱼不错，尝一次，也许你就爱吃了。
> 乙：来一个吧。鱼的营养丰富，都说吃鱼能让人聪明。
> 甲：现在吃，还来得及吗？好吧，陪你们吃，来一个就来一个吧。
> 丙：三个菜，够了，再来三瓶矿泉水。主食要什么？
> 甲：一人一碗米饭吧。
> 乙：我现在又渴又饿。小姐，麻烦您快点儿行吗？

22. 下列四字中造字法与其他三个**不同**的是：（ ）
   A. 鱼　　　　　　　　　B. 小
   C. 水　　　　　　　　　D. 尖

23. 按照词汇分类，"蘑菇"属于：（ ）
   A. 双声词　　　　　　　B. 合成词
   C. 联绵词　　　　　　　D. 叠韵词

24. "都说吃鱼能让人聪明"中的"人"是：（ ）
   A. 主语　　　　　　　　B. 谓语
   C. 宾语　　　　　　　　D. 兼语

25. "不论怎么做，我都不爱吃"属于：（ ）
   A. 条件关系复句　　　　B. 因果关系复句
   C. 转折关系复句　　　　D. 目的关系复句

26. "我从小就不爱吃鱼"中的"就"表示：（ ）
   A. 很早前事实即如此
   B. 用在动词前，指在某种条件或情况下自然怎么样
   C. 决意或意图
   D. 假设或让步

27. 以下各项**不属于**第二语言学习者个体差异的是：（ ）
   A. 年龄　　　　　　　　B. 性格
   C. 教室　　　　　　　　D. 语言学能

第28—32题

> 每一个中华老字号都是一个品牌奇迹，"同仁堂"有300多年的历史，京城最老的老字号"鹤年堂"的历史超过600年。今天它们不仅仅是品牌，更是一种文化。当我们提起这些品牌，最津津乐道的还是那些被人熟知的动人故事。
>
> 少年康熙曾得过一场怪病，全身红疹，奇痒无比，宫中御医束手无策。康熙心情抑郁，微服出宫散心，信步走进一家小药铺，药铺郎中只开了便宜的大黄，嘱咐泡水沐浴。康熙遵其嘱咐沐浴，迅速好转，不过三日便痊愈了。为了感谢郎中，康熙写下"同修仁德，济世养生"，并送给他一座大药堂，起名"同仁堂"。
>
> 这就是家喻户晓的中华老字号品牌——"同仁堂"诞生的故事。1669年，同仁堂药铺落成。三百多年过去了，这间百年老店深深影响着几个世纪的中国人。首先影响到的便是听到同仁堂诞生故事的人们，一家平民小店与皇室的故事，一个小郎中打败宫中御医的故事。故事中的高超医术夹杂着传奇色彩，看病的或听故事的人纷至沓来。

28. "每一个中华老字号都是一个品牌奇迹"中的"都"与下列哪句中的"都"意义不同？（　）
    A. 功课学得都不错　　　　B. 一动都不动
    C. 这些衣服我都喜欢　　　D. 所有人都要去

29. 一名学生将"仅"念成"景"、"疹"念成"整"，该名学生的语音需要重点纠正的是：（　）
    A. 声母发音　　　　　　　B. 前后鼻音
    C. 平翘舌音　　　　　　　D. 儿化音

30. "今天它们不仅仅是品牌，更是一种文化"，该句蕴含了怎样的语义关系？（　）
    A. 递进　　　　　　　　　B. 转折
    C. 因果　　　　　　　　　D. 条件

31. 下列哪项采用的是语素教学法？（　）
    A. 从"抑郁"延伸到"苦闷""忧愤"
    B. 从"迅速"延伸到"缓慢"
    C. 从"医术"延伸到"骑术""战术"
    D. 从"首先"延伸到"其次""然后"

32. 上完本课后，教师布置给学生一项任务，搜集中国古代民间故事，其主题最佳为：（　）
    A. 中华老字号背后的故事　B. 古代宫廷轶事
    C. 关于学习汉语　　　　　D. 关于清朝的历史

第 33—37 题

> 小雨：你喜欢什么运动？
> 保罗：我爱踢足球。(1) 你会不会踢足球？
> 小雨：会一点儿，不过踢得不怎么样。
> 保罗：你最喜欢哪个球星？
> 小雨：罗纳尔多，他球踢得真棒。
> 保罗：今晚电视里有巴西队跟德国队的足球比赛，你想不想看？
> 小雨：(2) 我女朋友要去听音乐会。
> 保罗：你猜哪个队会赢？
> 小雨：(3) 我估计巴西队会赢。
> 保罗：这是在德国踢，我想德国队一定不会输。

33. 本课学习的重点语法是：（ ）
    A. "的"字短语　　　　　　B. 疑问句
    C. 结构助词"了"　　　　　D. 反问句

34. 句（1）属于哪种类型的疑问句？（ ）
    A. 是非疑问句　　　　　　B. 特指疑问句
    C. 正反疑问句　　　　　　D. 选择疑问句

35. 对于"不过踢得不怎么样"中的"怎么样"说法**不正确**的是：（ ）
    A. 用于否定句
    B. 代替不说出来的动作或情况
    C. 委婉的说法
    D. 表达询问

36. 句（2）的回答违反了会话合作原则中的：（ ）
    A. 质量准则　　　　　　　B. 数量准则
    C. 方式准则　　　　　　　D. 关系准则

37. 下列关于句（1）和句（3）中"会"的说法正确的是：（ ）
    A. 两个"会"意思相同
    B. 句（1）的"会"询问能力
    C. 句（3）的"会"表示确定
    D. 句（3）的"会"表示擅长

第 38—40 题

> 情人節情書
>
> 勝吾：
>
> 你好！我想給你情人節的書。我覺得你應該多愛我。我覺得我們在一起很快樂，我不會說我每天都很想你或者我每分每秒都在想你。可是我覺得你是一個很好男朋友。我想和你一起去吃日本菜，好不好？吃飯以後我想和你一起去看電影，好不好？謝謝你做我的男朋友。

38. 根据作文，该名学生在写汉字时容易出现的问题是：（　）

    A. 同音字误用

    B. 增减笔画

    C. 错写偏旁部首

    D. 增加笔画和同音字误用

39. "我觉得你应该多爱我"这句话存在的主要偏误是：（　）

    A. 动补结构的偏误

    B. 定中结构的偏误

    C. 状中结构的偏误

    D. 动宾结构的偏误

40. 根据作文，该名学生最常出现的偏误类型是：（　）

    A. 遗漏

    B. 误代

    C. 错序

    D. 冗余

第 41－45 题

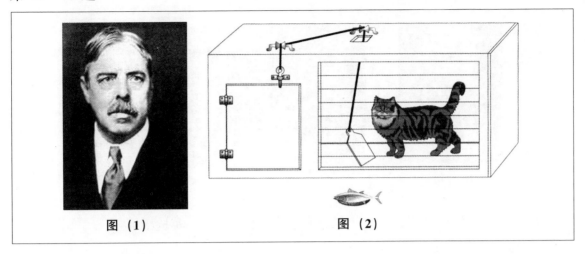

图（1） 　　　　　　图（2）

41. 图（1）人物被誉为"教育心理学之父"。他是：（ ）
    A. 夸美纽斯　　　　　B. 冯特
    C. 桑代克　　　　　　D. 皮亚杰

42. 下列哪一部是图（1）人物的著作？（ ）
    A.《教育心理学》
    B.《儿童的语言和思想》
    C.《大教学论》
    D.《语言学入门》

43. 图（2）是著名的"饿猫开迷笼"实验，由此得出了一种有关学习的理论，它是：（ ）
    A. 尝试错误说
    B. 认知发现理论
    C. 顿悟说
    D. 联结认知理论

44. 下列哪一项**不是**图（1）人物提出的三条学习定律之一？（ ）
    A. 准备律　　　　　　B. 练习律
    C. 效果律　　　　　　D. 尝试律

45. 下列教师的做法**不合适**的是：（ ）
    A. 教师在上课前，可以自己的热情激发学生的兴趣，形成准备
    B. 教师要注意学生在练习的过程中是否疲劳厌倦
    C. 教师应将课程安排放在首位，一切以完成学习任务为前提
    D. 教师要注意学习内容的难易度，不可使学生感到十分困难气馁

第 46-50 题

图（1）　　　　　图（2）

46. 图（1）人物进行了图（2）"黑猩猩接竿取香蕉"的实验。他是：（　）
   A. 考夫卡　　　　　　　B. 柯勒
   C. 冯特　　　　　　　　D. 马斯洛

47. 他通过对黑猩猩的实验，在学习理论上提出了有名的：（　）
   A. 顿悟说　　　　　　　B. 试误说
   C. 认知发现说　　　　　D. 联结认知理论

48. 图（1）人物是某一心理学派的代表学者，该学派主张把心理作为一个整体组织来研究。这个学派是：（　）
   A. 精神分析学派　　　　B. 行为主义
   C. 格式塔心理学　　　　D. 机能主义

49. 下列哪一项**不可能**是图（1）人物赞同的观点？（　）
   A. 强调采用综合方法研究心理现象
   B. 研究方法上主要采用演示和主观报告的方法
   C. 心理研究中，整体不能还原为各个部分，整体先于部分并制约部分
   D. 所有心理现象都是由元素构成的，整体可拆分为部分进行研究

50. 实验发现，一旦动物通过理解解决问题后，再遇到类似情境会表现出在高水平下的保持和理解。这种现象被称为：（　）
   A. 迁移　　　　　　　　B. 反馈
   C. 顿悟　　　　　　　　D. 记忆

第二部分　应用能力

概　述

一、考试范围

《国际汉语教师证书》考试笔试试卷的第二部分考查考生的应用能力，具体包括教学组织与课堂管理、中华文化与跨文化交际、职业道德与专业发展三大部分。

教学组织与课堂管理包括六个部分：一是熟悉汉语教学标准和大纲，并能进行合理的教学设计；二是选择和利用教学资源，要求国际汉语教师能根据教学需要选择、加工和利用教材和其他教学资源；三是设计课堂教学的任务与活动，要求国际汉语教师了解课堂教学任务与活动的主要类型及特点，具备设计教学任务和组织教学活动的能力；四是课堂管理，要求国际汉语教师了解并适应不同国家和地区的课堂管理文化，能创建有利于汉语教学的课堂环境与氛围，并能采用适当的策略和技巧实施有效的课堂管理；五是组织课外活动，要求国际汉语教师掌握组织课外活动的基本方法和程序，并能够根据学习者的特点组织课外活动；六是测试与评估，要求国际汉语教师了解测试与评估的基本知识与主要方法，能根据不同教学目的选择或设计合适的测试与评估工具，并能对测试与评估的结果进行有效的分析和应用。

中华文化与跨文化交际主要分四个部分：一是了解中华文化基本知识，具备文化阐释和传播的基本能力；二是了解中国基本国情，能客观、准确地介绍中国；三是具有跨文化意识，了解世界主要文化的特点，尊重不同文化，具有多元文化意识，自觉比较中外文化的主要异同，并应用于教学实践；四是具有跨文化交际能力，了解跨文化交际的基本原则和策略，掌握跨文化交际技巧，并能有效解决跨文化交际中遇到的问题。

职业道德与专业发展由三个部分内容组成：一是具备教师职业道德，要求考生能够认识并理解职业价值，树立并维护职业信誉，遵守法律和职业道德规范；二是具备良好的心理素质，即需要具有健康的心理和积极的态度，具有较好的心理承受能力和自我调适能力，并具有合作精神；三是具备教育研究能力和专业发展意识，能进行教育研究，具有教学反思能力，了解相关学术动态与研究成果，参与学术交流与专业培训，寻求专业发展机会。

二、试题特点

本部分共有 50 道单项选择题，主要涉及教学组织与课堂管理、中华文化与跨文化交际、职业道德与专业发展三方面。所谓考查应用能力主要是要求考生能够根据实际教学情境和跨文化交际场景进行分析判断，将基本理论、原则和方法运用到教学、管理及跨文化交际的实践中去。因此，在本部分题目中，既有一些基础性概念题，例如考查某一教学的教学理念、教学目标构成、教师角色等，又有很多实际分析和应用的题，例如排列某语法点的教学步骤，分析教学对象的水平、选择最恰当的课堂管理方法等。这部分题目考查的方法灵活性较大，基础概念掌握不牢固，实际应用能力不强，都会使得考生不易下手答题。

三、应试策略

首先，在复习时，考生既要要重视教学组织与课堂管理的基本概念，更要结合实际教学案例，理解和掌握其中的教学原则、方法和步骤等，例如教学大纲、课程设计、汉语教材的选用与分析、课堂活动以及"问题事件"的应对与处理原则等等。其次，中华文化方面的知识涵盖面广，知识点琐碎繁杂，需要注意平时的点滴积累，复习时，可以选择一些集成式或文化普及性的著作、习题集、参考资料进行中华文化知识基本面貌的梳理。而对于跨文化交际题和教师职业道德与发展题，可以进行集中式有针对性的复习，主要复习这两方面的基本原理，并能够运用到实际中。复习时，要多看案例及案例分析，结合实际掌握基本的原则与方法。考试时，有些题可以根据具体材料的具体情况、常识或基本逻辑进行判断。

四、复习范围

考生在复习这一部分时，除了参考第一部分中提到的与教学相关的一些书外，主要可参考：徐子亮和吴仁甫著的《实用对外汉语教学法》、崔永华和杨寄洲主编的《对外汉语课堂教学技巧》、张和生主编的《汉语可以这样教——语言要素篇》、赵金铭主编的《汉语可以这样教——语言技能篇》、崔希亮主编的《对外汉语综合课优秀教案集》和《对外汉语听说课优秀教案集》等。在复习教学组织与课堂管理相关内容时，考生可参考：傅佳和王宇主编的《国际汉语教学组织与课堂管理》，刘珣著的《对外汉语教育学引论》，闻亭、常爱军和原绍锋著的《国际汉语课堂管理》，朱勇主编的《国际汉语教学案例与分析（修订版）》等。另外，在第二部分的题目中可能会涉及偏误分析的相关内容，考生可参考：鲁健骥的《偏误分析与对外汉语教学》《外国人学汉语的语法偏误分析》等相关论文。

例题详解

第一题

请在 A-E 中选出以下考试所对应的测试类型。

1. 该考试是某大学在招收小语种专业学生时进行的测试，主要考查学生是否具有完成特定外语学习任务的能力。
2. 该测验是教师在学习完某个语言点后设计的测试，主要目的是看学生是否已掌握该语言点及其存在的问题。
3. 该考试是学校在开学前对新生进行的考试，考试成绩是确定学生的班级的依据。
4. 该考试是含多个级别的标准化考试，没有指定的参考书目，配有词汇、语法大纲。
5. 该考试是学期结束时针对课程所学内容进行的测试。

1. _____
2. _____
3. _____
4. _____
5. _____

A. 分班测试
B. 成绩测试
C. 学能测试
D. 水平测试
E. 诊断性测试

【答案】C、E、A、D、B

【考点】本大题考查测试类型的判断。

【详解】本大题要求考生掌握各类测试的定义、特点、作用、适用领域等。

分班测试：多指在新生入学后、开学前，学校为了依据学生的成绩或特长等分出实验班和普通班、快班和慢班、单科（如英语、数学等）实验班和相应普通班而进行的内部考试，有自愿参加和强制参加两种。考试成绩是确定学生班级的依据，其目的在于选出学苗，提高升学率。支持者认为，设置难度系数较大的考试，用以将学生"分类"，并不违背教育公平的理念，相反地，此举有助于学生清晰定位，各取所需，学科程度高的学生再"冲一冲"，学力不足的学生"补深度"，这样因材施教有利于学生长远发展。

成绩测试：指在学期结束时针对课程所学内容进行的测试，主要用于了解学生在经过较长一段时间的学习后，对教学大纲中所规定的课程要求（包括知识和技能）掌握的情况。成绩测试应以教学大纲作为命题依据。它可充当升留级、授予文凭、决定毕业与否的依据。

学能测试：主要预测学生学习外语的潜在能力。这类考试和其他外语考试不同，成绩测试、水平测试都是通过考外语来确定考生的外语情况，而学能测试却是通过测定母语及其他能力来预测考生的外语潜能。这类考试更像体育运动中选拔运动员的选才考试。学能考试从分析影响学生外语学习的因素着手，根据这些因素确定相应的测试方法，然后依据测试结果预测一个人学习外语的潜力。因此，学能测试的命题依据是外语学习理论和外语习得理论，也就是说，其更多的是根据心理学和心理语言学的理论来指导命题。目前世界上比较有名的外语学能考试有两套：一套是皮姆斯勒编写的"语言能力成套测试"，另一套是由卡罗尔和萨庞编写的"现代语言能力测试"。

水平测试：主要用于测试学生的语言能力与水平，预测该学生将来完成某任务的情况。和成绩测试不同，它不考虑考生先前受过何种语言训练，也不以任何教学大纲、教材作为命题的依据，而是以考生今后要达到的水平作为测试的命题依据。

诊断性测试：主要用于了解学生在外语学习过程中的进展情况和存在的问题，从而补救教与学的不足。教师可根据本人教学需要自行命题，测试重点是了解外语教与学的问题。这种测试往往在教学过程中进行，测试成绩作为诊断教学进展情况之用，而不作为衡量学生水平的尺度，故称为诊断性测试或形成性测试。诊断性测试不能像成绩测试和水平测试那样只给一个总分，而必须提供更多信息，详细地指出考生的长处和弱点。

第二题

在中高级词汇教学中，可以引导学生从多个角度进行近义词辨析。请从A—F中选出下列各种做法对应的角度，其中有一个多余选项。

1. "害怕"可以带宾语，"可怕"后面不能带宾语。
2. "果断"是褒义词，"决断"是中性词，"武断"是贬义词。
3. "害怕"是心理动词，"可怕"是形容词。
4. "吓唬"常用于口语，"恐吓"常用于书面语。
5. "害怕"表示遇到困难、危险时心中不安发慌的状态，"可怕"表示让人害怕。

A. 词性差异
B. 意义差异
C. 搭配差异
D. 使用频率差异
E. 语体色彩差异
F. 感情色彩差异

1. _____
2. _____
3. _____
4. _____
5. _____

【答案】 C、F、A、E、B

【考点】 本大题考查中高级词汇教学中，近义词辨析的方法。

【详解】 本大题要求考生学会判别各种近义词辨析方法，掌握其作用。

1. 属于辨析方法中的搭配法。题中通过将"害怕"和"可怕"这组近义词分别与宾语搭配，判断其后是否可接宾语，从而进行区分。

2. 属于通过感情色彩差异辨析。所谓感情色彩，指的是词义中所反映的主体对客观对象的情感倾向、态度、评价等内容，一般分为褒义、贬义、中性等。

3. 属于通过词性差异辨析。现代汉语的词可分为两类12种词性：一类是实词：名词、动词、形容词、数词、量词和代词；一类是虚词：副词、介词、连词、助词、叹词和拟声词。其中动词还可细分为行为动词、心理动词、能愿动词、趋向动词等。

4. 属于通过语体色彩差异辨析。所谓语体色彩，指的是词义中所反映的词的语体倾向，它是由词经常出现的语体久而久之赋予的。语体一般分为口语语体和书面语语体两大类。

5. 属于通过词的意义差异辨析。这是较普遍、直接的方法，词义包含了词的本义、引申义和比喻义。

实战训练一

第 51—56 题

对于词汇教学中词语的辨析可以从意义和用法两个角度进行考察，请为下列几组词语选择合适的辨析角度，其中有一个多余选项。

51. 办法/方法
52. 请求/恳求
53. 脚/足
54. 参观/访问
55. 侵犯/侵略
56. 生命/性命

51. _____
52. _____
53. _____
54. _____
55. _____
56. _____

A. 搭配宾语不同
B. 词义侧重点不同
C. 动作主体差异
D. 词义轻重程度不同
E. 感情色彩不同
F. 词义范围不同
G. 语体色彩差异

第 57－63 题

请排列下列"被"字句的教学步骤。

> A. 随堂巩固练习，将"把"字句改为"被"字句（及其否定形式）。
> B. 设置情境，引导学生用被动句描述，如打闹后房间里的情景。
> C. 老师与学生互动，老师提问，引导学生回答。例如老师拿走麦克的铅笔，问麦克：你的铅笔呢？
> D. PPT给出一些情景图片（尽量选取学生身边发生的事或熟悉的事），引导学生根据图片用被动句说出完整的句子，例如：小王把花瓶打碎了。提问：花瓶怎么了？
> E. 引入否定形式：受事主语＋"没（有）"＋被＋（宾语）＋动词＋其他成分。再与学生互动，加强练习。
> F. 复习上节课学习的"把"字句，例：现在看老师在做什么？（把杯子里的水喝了）
> G. 导入被动句，把刚才的句子写到黑板上，"老师把水喝了"。然后告诉学生还有一种表达方式，板书"水（被）老师喝了"。并接着展示被动句的句型：受事主语＋被＋（宾语）＋动词＋其他成分。

57. 第一步：（ ）
58. 第二步：（ ）
59. 第三步：（ ）
60. 第四步：（ ）
61. 第五步：（ ）
62. 第六步：（ ）
63. 第七步：（ ）

第 64—70 题

下面是一位老师为某一堂听力课设计的教案的一部分：
教学对象：A班学生，混合班，多为东南亚学生。
教学内容：
教具：多媒体课件、板书
……
教学环节：
组织教学
引入
生词和句子
第一组生词：羽毛球、保龄球、棋、牌、湖、钓鱼、野餐
展示PPT看生词和图片、听生词，学生跟读生词。
第二组生词：环境、种花、养鱼、辛苦、轻松
展示PPT看生词和图片、听生词，师生问答。
……

64. PPT是教师上课的辅助工具，那么在PPT中，"视图"这一名词表示：（ ）
   A. 一种图形
   B. 显示幻灯片的方式
   C. 编辑演示文稿的方式
   D. 一张正在修改的幻灯片

65. 本课的教学内容最可能是下面哪一个？（ ）
   A. 休闲娱乐   B. 体育运动
   C. 健康饮食   D. 环境保护

66. 就上述两组生词来说，如果要设计合理的展示顺序，应该是：（ ）
   A. 按词群排列   B. 按词类排列
   C. 按偏旁排列   D. 按使用频率排列

67. 以下词语最适合利用语境进行教学的是：（ ）
   A. 辛苦   B. 环境
   C. 钓鱼   D. 羽毛球

68. 在听力技能教学的语音训练中，下列哪项最适合中高级阶段的学生？（ ）
   A. 让学生聆听一些童谣
   B. 让学生欣赏优秀的朗读朗诵作品
   C. 在黑板上写生词的拼音，让学生体会音节间的差别
   D. 跟着老师一个个朗读生词

69. 听力教学中,教师常会就细节提问,那么提问时多使用:( )
   A. 是非问句　　　　　　　　B. 特指问句
   C. 选择问句　　　　　　　　D. 正反问句

70. 听力模式分为传统三部曲模式和改良三部曲模式,下列属于传统听力三部曲模式的内容的是:( )
   A. 激活背景知识,激发听力动机,讲解必要语言知识
   B. 学习听力材料中的所有生词
   C. 先告知学生具体任务再听材料
   D. 听后对听力过程进行反思和评价

第71—76题

口语练习（12分钟）		
口语练习	1. 引入任务。 　　张教授：未来社会只有两种人：一种是每天都忙着工作和学习的人,另外一种是找不到工作的人。 　　你是否同意这一观点？说明原因。 2. 教师请2—3位同学即兴发表个人看法,并简单点评。 3. 小组任务： 　（1）各成员发表个人观点； 　（2）以此为话题,做一个电视访谈节目； 　（3）分角色表演这一节目（节目形式参考听力文本）。 4. 选一组表演,师生点评。	• 就所听观点展开简单讨论,使所听内容"个性化",从而把学生"自我"与听力内容结合起来,以听带说。 • 此环节为下一环节起到榜样作用。 • 表演形式与听力语段的形式相仿,学生准备表演时参考听力文本,有助于进一步熟悉访谈类节目的常用表达。

71. 以上口语训练的方法较接近于:( )
   A. 完全控制法　　　　　　　B. 基本控制法
   C. 自由会话练习　　　　　　D. 要素控制法

72. 下列**不属于**基本控制法的例子的是:( )
   A. 教师设计不完整对话,让学生根据情况完成对话
   B. 让学生将叙述体改为对话体的训练
   C. 根据相关图片让学生编写对话
   D. 利用视听材料,进行配音练习

73. 上述教案的编写基本符合改良后的口语教学模式，即先布置任务，然后学生轮流发言或小组讨论，那么，课后的任务最应该是：（ ）

A. 抄写巩固原来的听力文本

B. 写下表演的提纲或完整发言稿

C. 听其他类似的材料

D. 准备新的表演

74. 在学生进行分角色表演时，对于有错误的地方，老师**不应该**：（ ）

A. 随时记录 B. 集中纠正
C. 逢错必纠 D. 适时提醒

75. 上述活动设计体现了教师的哪种角色？（ ）

A. 传授者 B. 设计者
C. 反思者 D. 研究者

76. 学生发表个人即兴看法时，教师的下列哪项行为比较合理？（ ）

A. 遇到学生出错的时候就打断

B. 固定在讲台上，查看PPT内容

C. 适时地在学生周围走动，并给予鼓励的目光

D. 保持严肃的姿态，盯着学生

第77—82题

复习课上的知识竞赛
竞赛参与者：泰国高中二年级学生。
竞赛时间：100分钟。
竞赛内容：中国文化常识（主要是上节课讲过的内容），一共21道题。
竞赛方式：老师兼任出题官和裁判，利用PPT展示考题。题目分为学生抢答和老师随机选取选手抢答两种，采用分组的形式（两组）。……
……
热身：回顾上周讲过的内容（5—10分钟）。
前奏：起队名。……
正式竞赛：例1：在中国地图上指出上海在哪儿。
……

77. 什么情况下适合用PPT展示考题？（ ）

A. 考查学生的听说能力

B. 学生汉字识读能力落后于听力

C. 学生具备一定的阅读能力

D. 听力课的阶段测试

78. 在这一课堂中，教师扮演的角色**不是**下列哪一种？（ ）
    A. 组织者   B. 引导者
    C. 设计者   D. 主导者

79. 在分组的时候，应该注意的问题是：（ ）
    A. 尽量保持两队的汉语水平相当
    B. 两组的水平应有一定差异
    C. 按照自己的喜好
    D. 随机分配

80. 在热身环节，除了回顾学过的内容以外，还应该安排的是：（ ）
    A. 预习新内容
    B. 强调重点内容
    C. 做一个简短的游戏
    D. 让学生听写

81. 关于起队名，下列说法**不正确**的是：（ ）
    A. 尽量用中文起队名
    B. 这个环节是为了发挥集体协作的精神
    C. 应该由老师为学生起队名
    D. 可以考查学生运用汉语的能力

82. 关于游戏的设计，下列说法**不正确**的是：（ ）
    A. 要有明确的目的
    B. 针对某一个问题设计
    C. 尽量发现学生的缺点以便改正
    D. 遵循老师引导，全体学生参与的模式

第 83—89 题

> # 我的爱好
>
> 我的爱好比较多。我喜欢运动。比如打羽毛球，打篮球，易足球，锻炼身体，弹乐器等等。
>
> 我在宿舍的时候常常弹吉他，我还喜欢弹钢琴。但在中国我没有钢琴，所以我不能弹钢琴。我觉得很慌惜。我觉得弹吉他的是有点儿难。开始的时候我一点儿都不会弹吉他。所以我常常练习练习。现在我的弹吉他弹得不错。
>
> 我在外面的时候跟朋友们常常打羽毛球还是打篮球。因为我觉得借体育馆很便宜，另外篮球场是免费的。我的朋友说我打得很不错。并且锻炼身体的时候我常常跑步。我有一个目标。就是三十分钟之内我要跑完六点五公里。现在我只能三十分钟之内跑完五点三公里。我希望这样。

83. 上述作文中，最突出的问题是：（ ）
    A. 词语运用不当
    B. 词语搭配不当
    C. 语法结构不当
    D. 篇章结构安排不当

84. 如果以 10 分为满分，老师给了 7 分，你认为**最不可能**被扣分的点是：（ ）
    A. 错别字
    B. 创造性
    C. 词汇丰富性
    D. 表达连贯性

85. 老师给学生提供有选择余地的命题并有针对性地进行批改，体现了汉语国际教育写作教学的（ ）原则。
    A. 个体性
    B. 协调性
    C. 规范性
    D. 综合性

86. 下列**不属于**写作教学群体性原则中的课堂组织形式的是：（ ）
    A. 班级辩论
    B. 小组讨论写作计划
    C. 描述与表演
    D. 布置命题作文

87. "在中国我没有钢琴，所以我不能弹钢琴。我觉得很慌惜。"这句话中词汇方面的错误属于：（ ）
    A. 搭配不当问题
    B. 色彩风格问题
    C. 生造词语问题
    D. 词性不当问题

88. 写作课上，老师让学生用"能"和"会"造句：

> 学生：我现在还不能开车。
> 老师：不能？（升调）
> 学生：哦，是不会。

上面这段对话属于哪一种更正性反馈？（　）

A. 诱导　　　　　　　　　　B. 明确纠正
C. 重复　　　　　　　　　　D. 重铸

89. 下列属于社交写作的是：（　）

A. 描写自己的一次购物经历　　B. 写一封宴会的邀请函
C. 写一份参观访问报告　　　　D. 写一篇发言稿

第90－95题

国画课玩闹事件

苏新除了担任语言课老师外，还给学生上中国国画课。上课过程中，苏新首先使用PPT进行简单的国画知识讲解，并设置了游戏抢答环节，然后展示了部分典型的国画作品，最后带领学生一起临摹完成了一幅简单的国画作品。多数学生都喜欢这一形式的上课方式，而汤姆又出现了不当行为。

上课一开始，他就坐在教室的最后，最靠近出入口的位置。经过一段时间的相处，他已经同班级部分学生很熟悉了，特别是几个男生。这一次，他和艾瑞、杰克三个人一起坐在后面的座位上。在老师讲解国画知识的时候，他和其他两个男孩一直在聊天，谈论电子游戏"反恐精英"。当老师带领大家一起完成作品的时候，他们却把桌上准备好的宣纸、笔和颜料都当做武器，玩男生游戏。这时，坐在他们前面的玛丽忍不住举手了，冲着老师喊道："老师，汤姆他们不画画，他们把笔都弄坏了。老师，你要管他们。"苏新走到汤姆的桌子旁边，说："你和她换位子。"苏新希望通过换位子的方式避免几个男生扰乱课堂。但汤姆立刻摆出一副很不情愿的样子……

（注：苏新是上海一所国际学校的实习老师，教学对象为儿童）

90. 汤姆扰乱课堂行为可能性最小的原因是：（　）

A. 陌生的环境

B. 缺乏自制力

C. 对教学模式的不适应

D. 与同学关系不和睦

91. 老师在处理留学生的问题行为时，一般**不应该**采取下列哪种策略？（ ）
    A. 忽视消退策略
    B. 沟通
    C. 直接批评并要求改正
    D. 寻求上级帮助

92. 在上面的案例中，苏新老师应该怎么做更合适？（ ）
    A. 给汤姆以外的其他学生奖励来提醒他的行为不对
    B. 当众点汤姆的名字让他注意
    C. 走到汤姆身边小声提醒并指导其画画，课后找他谈话
    D. 让其他学生提醒汤姆

93. 这一课堂充分体现了（ ）的课堂教学模式。
    A. 学生中心——老师主导
    B. 老师中心——学生参与
    C. 老师中心——学生主导
    D. 学生中心——老师参与

94. 在这个案例中，你觉得苏新老师首先应该解决的问题是：（ ）
    A. 调动学生积极性
    B. 稳定课堂秩序
    C. 集中学生注意力
    D. 克服文化差异

95. 留学生常会因为生活和语言上的不适应，产生孤独、焦虑的情绪，有的甚至不愿接触当地人，采取不理智的行动。这些表现叫作：（ ）
    A. 文化休克
    B. 文化冲突
    C. 文化碰撞
    D. 文化入侵

第 96－100 题

中国素以四大发明享誉世界。火药、指南针、造纸术和印刷术，这四大发明是中华民族奉献给人类文明并改变了整个世界历史进程的伟大的技术成就，反映了中国人民伟大的创造力。除了四大发明，中国古代在天文学、数学、医学、建筑等方面也都取得了辉煌的成就。

96. 我国的造纸术传入欧洲是在：（ ）
    A. 公元 6 世界　　　　　　B. 公元 8 世纪
    C. 公元 12 世纪　　　　　 D. 公元 16 世纪

97. 我国古代医学诊断技术"四诊"指望、闻、问和（ ）。
    A. 验　　　　　　　　　　B. 切
    C. 询　　　　　　　　　　D. 查

98. 造纸术的发明者传说是东汉时期的（ ）。
    A. 毕昇　　　　　　　　　B. 蔡伦
    C. 张衡　　　　　　　　　D. 祖冲之

99. 中国古代建筑在布局上的显著特点是：（ ）
    A. 左右对称　　　　　　　B. 木结构
    C. 装饰华美　　　　　　　D. 讲究细节

100. 关于古代的天文历法，下列说法中**不正确**的一项是：（ ）
    A. 使用干支记日的方法是从西周开始的
    B. 完备的二十四节气系统形成于战国时期
    C. 主张浑天说的代表人物有西汉的扬雄、耿寿昌和东汉的天文学家张衡等
    D. 北宋天文学家沈括完善了浑仪，其代表著作有《浑仪论》《浮漏议》等

实战训练二

第 51—55 题

请从 A—F 中选出下列各组语音教学所用的方法,其中有一个多余选项。

51. 教 "b/p、d/t、g/k、j/q、z/c、zh/ch" 时,老师让学生拿纸条放在嘴前感受两者区别。
52. 教 "r" 音时,老师让学生先发 "sh" 的音,拖长发音时间,舌头不要动,使声带略略振动。
53. 教 "h" 音时,老师先练习与 a 开头的韵母相拼,再练习与 u 开头的韵母相拼。
54. 教 "-ng" 音时,老师让学生直坐仰头迫使舌体往口腔后部移动,下腭尽量向下发出该鼻韵母。
55. 教四声时,老师一边用手指按四个声调来摆动,一边随之发音。

51. _____
52. _____
53. _____
54. _____
55. _____

A. 带音法
B. 手势法
C. 感应气息法
D. 图示法
E. 渐进法
F. 夸张法

第 56—60 题

请排列下列 "被" 字句的教学步骤。

A. 教师给出一系列 "主+动+补" 格式的句子,让学生将它们转换成 "被" 字句。
B. 教师给出词语,让学生组织成完整的 "被" 字句。
C. 教师利用已经学过的 "主+动+补" 格式及其相应的公式来展示 "被" 字句。
D. 教师设置情景,让学生根据情景用 "被" 字句说明情况或回答问题。
E. 教师让学生或者自己来对比并说明 "主+动+补" 句与 "被" 字句在词序和意义上的异同。

56. 第一步:_____
57. 第二步:_____
58. 第三步:_____
59. 第四步:_____
60. 第五步:_____

第 61－66 题

下面是按照课程类型划分的汉语教材类别。

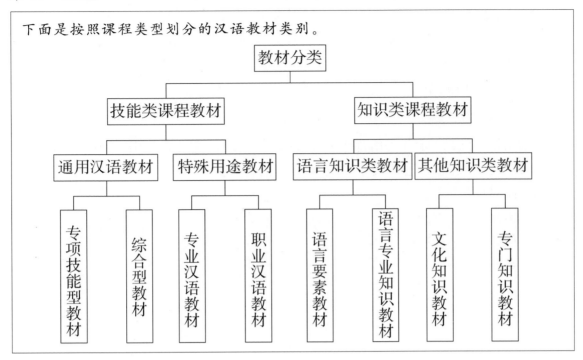

61. 下列属于专项技能型教材的是：（ ）

    A.《桥梁》

    B.《汉语口语速成》

    C.《商务汉语》

    D.《中国文学简史》

62. 下列属于综合型教材的是：（ ）

    A.《桥梁》

    B.《汉语口语速成》

    C.《商务汉语》

    D.《中国文学简史》

63.《现代汉语》《古代汉语》属于：（ ）

    A. 综合型教材

    B. 专业汉语教材

    C. 语言专业知识教材

    D. 文化知识教材

64.《中国概况》属于：（ ）

    A. 综合型教材

    B. 专业汉语教材

    C. 语言专业知识教材

    D. 文化知识教材

65.《汉语教程》是一本典型的综合型教材，若按其遵循的主要教学原则分，它属于：（　　）

　　A. 结构型

　　B. 功能型

　　C. 结构—功能型

　　D. 功能—结构型

66. 根据不同母语、母语文化背景与目的语、目的语文化的对比，教材确定的教学重点有所不同，这体现了教材编写的何种原则？（　　）

　　A. 针对性

　　B. 实用性

　　C. 科学性

　　D. 系统性

第 67－71 题

下面是对外汉语教学目标内容表。

目标项	内容	一般格式
知识目标	生词、重点词语、重点结构、课文等	1. 通过词语的学习，能够…… 2. 通过重点词语和结构的学习，能够…… 3. 通过课文的学习，能够……
技能目标	听、说、读、写四项技能	1. 听：学生能够听懂……（每分钟……个音节的……） 2. 说：学生能够表达…… 3. 读：学生能够以……的速度朗读…… 4. 写：学生能够……
策略目标	学习策略、情感策略、交际策略、资源策略、跨学科策略等	1. 学习策略：引导学生……，培养学生…… 2. 情感策略：学生有……的愿望 3. 交际策略：学生意识到……，遵守……的基本礼仪
文化目标	文化知识、文化理解、跨文化意识、国际视野等	学生基本了解……，理解……

67. 对外汉语教学的根本目标是：（　）
    A. 掌握汉语的基础知识　　B. 训练汉语的基础技能
    C. 培养汉语学习策略　　　D. 培养汉语交际能力

68. 5C 标准是 21 世纪第二语言教育的目标和学习标准。其中，"Connections" 指的是：（　）
    A. 贯连其他语言　　B. 贯连其他社区
    C. 贯连其他学科　　D. 贯连其他文化

69. 听力技能的目标是学生能够听懂一定语速的汉语。请问，HSK 四级的听力语速大约为多少字/分钟？（　）
    A. 80　　　　B. 120
    C. 150　　　D. 180

70. 学习策略可以分为认知学习策略和元认知策略两大类。教师需要培养学生发现自己的语言方面或交际方面的错误并自行加以纠正的能力。这是认知学习策略的哪个方面？（ ）
    A. 实践　　　　　　　　　　B. 监控
    C. 评估　　　　　　　　　　D. 调节

71. 对外汉语教学要培养学生的跨文化意识。在跨文化交际中，对待不同文化，态度**错误的**是：（ ）
    A. 用母语文化衡量别的文化
    B. 理解与适应目的语文化
    C. 外为我用，发展本国文化
    D. 从跨文化交际的需要出发，选择文化依附

第72—79题

> 下面是某对外汉语教师对一些词汇的讲解。
> 1. "笔"：读音是 bǐ
>   书写形式是"笔"
>   介绍"钢笔、铅笔、圆珠笔、毛笔"
>   区别于同形词"一笔钱"中的"笔"
> 2. "温柔"：读音是 wēn róu
>   意义是"温和柔顺"
>   书写形式是"温柔"
>   反义词是"粗暴"
>   同义词是"温顺"
>   比较"温柔"与"温顺"
> 3. "看"：读音是 kàn
>   书写形式是"看"
>   有几种常见的转义，如：
>   例句1（阅读，阅览）
>   例句2（观察并作出判断）
>   例句3（访问，看望）
>   例句4（请医生诊断）
>   同义词有"望""眺""盯""注视"等，比较在意义上的不同之处

72. 下列何种方法最适合用来解释"笔"的词义？（ ）
    A. 形象法　　　　　　　　　B. 翻译法
    C. 汉语法　　　　　　　　　D. 搭配法

73. 教师在教了"笔"之后又介绍"钢笔、铅笔、圆珠笔、毛笔",这体现了何种形式的学习?( )
   A. 上位学习 B. 下位学习
   C. 表征性学习 D. 并列结合学习

74. "温柔"是HSK几级词?( )
   A. 三级 B. 四级
   C. 五级 D. 六级

75. "温柔"和"温顺"的区别主要在于:( )
   A. 语义轻重不同 B. 范围大小不同
   C. 语义侧重点不同 D. 语体色彩不同

76. 教师在解释"看"时,结合其小篆字形,说明"看"上面是"手"字的变形,下面是"目"来讲其基本义。下列可用同种方法来释义的是:( )
   A. 温 B. 采
   C. 爸 D. 打

77. 下列哪个例句适合用来解释"看"的转义"观察并作出判断"?( )
   A. 星期天我看了一场足球比赛。
   B. 我看今天不会下雨。
   C. 朋友生病了,我去医院看看他。
   D. 孩子感冒了,快去医院看看。

78. 下面是一学生作文中用词不当的例句。

   > 我们爬的山又高又陡,我很怕从马上**跌落**。领路人都很有**耐性,命令**马慢了一点。

   该用词偏误启示教师要注重词汇哪个方面的讲解?( )
   A. 词语搭配 B. 句法功能
   C. 感情色彩 D. 语体色彩

79. 汉语作为第二语言学习时,词汇方面的难点**不包括**:( )
   A. 有大量的同义词和近义词
   B. 汉语构词法灵活,与造句法基本一致
   C. 有丰富的量词和语气词
   D. 大部分外来词经过了汉语构词法的改造

第 80—87 题

> 下面是一份口语课教案的片段。
>
> （五）实战演练（25 分钟）
>
> 1. 请熟人帮助找工作。三人一组，分组练习。（9 分钟）
>
> 情景：你最近想找份工作，当听一位朋友说你一位多年不见的同学开了一家公司时，你决定给同学打个电话，看有没有机会……
>
> （1）打电话问候同学。
> （2）你请他帮助你。
> （3）告诉你的同学你想做什么工作。
>
> 要求：参考以下词语和句式组织语言
>
> 词语：听说、没想到、开公司
>
> 句式：一……就……、麻烦你……、是……的、对……感兴趣
>
> 2. 示范表演（13 分钟）
>
> 挑选出 3 个组，上台做示范表演。
>
> 3. 语言聚焦（3 分钟）
>
> （1）教师点评：优点与不足。
> （2）补充与此话题相关的语句与口语知识。
> （3）自我评价、小组评价。

80. 你认为本课教学对象的学习阶段是：（ ）

    A. 初级阶段

    B. 中级阶段

    C. 高级阶段

    D. 无法确定

81. 该片段反映的口语训练层次是：（ ）

    A. 词语训练

    B. 句法句子

    C. 会话训练

    D. 成段表达训练

82. 教师确定话题，设置一定情景、规定练习的功能项目和使用的句式，这属于何种练习方法？（ ）

    A. 完全控制法

    B. 基本控制法

    C. 自由会话练习

    D. 成段表达练习

83. 接听电话是汉语口头表达能力几级的要求？（ ）
    A. 一级　　　　　　　　　　B. 二级
    C. 三级　　　　　　　　　　D. 四级

84. 下列哪个选项是教师针对学生意义表达进行评价的角度？（ ）
    A. 逻辑性　　　　　　　　　B. 语音语调
    C. 得体性　　　　　　　　　D. 交际性

85. 口语课上，一些语言水平较低的或者性格较内向的学生比较沉默，参与课堂的主动性不够。你认为最适合的解决方法是：（ ）
    A. 将该类学生放在小组中让其表达
    B. 多点名让该类学生进行口语练习
    C. 把该类学生单独分为一组
    D. 尊重该类学生意愿，不强求其开口

86. 教师要遵循精讲多练原则，特别是口语课上，教师话语一般应占：（ ）
    A. 10％－15％　　　　　　　B. 20％－30％
    C. 35％－45％　　　　　　　D. 50％－60％

87. 分项评分是口语测试的常用方式，下表是某口头报告的评分细则，空格处最可能的描述是：（ ）

第一档 4－5分	语法词汇正确
	语音标准
	话语流畅

　　A. 发言切题　　　　　　　　B. 描述准确
　　C. 有创造性　　　　　　　　D. 停顿自然

第88—92题

下面是一个汉语课堂游戏。
利用耳熟能详的歌谣《两只老虎》来做词语替换练习。
两只老虎，两只老虎，
跑得快，跑得快。
一只没有眼睛，一只没有耳朵，
真奇怪，真奇怪。

教师先在黑板上写下歌词，带学生读几遍，然后示范性地边打拍子边唱，还可以做出相应的动作。接着请学生表演。等学生熟悉了歌词，可以做以下替换：

老虎——老鼠——兔子——猴子
跑——跳——走
快——慢
眼睛——鼻子——嘴巴——耳朵——尾巴——眉毛
奇怪——可爱

88. 上述活动最适合哪一类汉语学习者？（　）
　　A. 少儿初级水平　　　　　B. 大学生初级水平
　　C. 少儿中级水平　　　　　D. 大学生中级水平

89. 上述活动的目的**不包括**：（　）
　　A. 扩大词汇量　　　　　　B. 学唱歌谣
　　C. 掌握汉语句子　　　　　D. 提高学习兴趣

90. 教师在课堂教学中调动学生学习的主动性和积极性，这体现了教师的何种角色？（　）
　　A. 引导者　　　　　　　　B. 示范者
　　C. 合作者　　　　　　　　D. 管理者

91. 教师在课堂活动过程中要营造一个轻松愉快的氛围，增强学生汉语学习的动机和自信心，因为这些情感因素都会对输入的信息起到过滤作用。这是何种假说的观点？（　）
　　A. 习得与学习假说　　　　B. 监控假说
　　C. 可懂输入假说　　　　　D. 屏蔽效应假说

92. 在活动过程中，学生交头接耳或过于吵闹时，教师较好的处理方法是：（　）
　　A. 对学生的行为视而不见
　　B. 沉默几秒
　　C. 利用目光注视，使学生意识到教师已经注意到他
　　D. 批评学生

第93—96题

请选出下列各题所对应的文化差异类型，在A—E中进行选择，其中有一个多余选项。

93. 在中国，人们会热情地挽着刚认识的人的胳膊，询问工作待遇、家庭等问题，而在西方，对于婚姻家庭和工作等问题，除非当事人主动提起，人们很少谈及。

94. 露丝·本尼迪克特的《菊与刀》用日本皇室家徽"菊"象征日本民族本性中的恬淡静美，用象征武士道文化的"刀"象征民族性的另一面——凶狠决绝。"菊"与"刀"揭示了日本人的矛盾性格，文化的双重性。但此书内容存有争议，作者也根本没有到过日本。

95. 东方国家如中国、日本、韩国，多受中国儒家文化的影响，深谙中庸之道，爱面子，喜欢婉转表达，尊崇礼仪。东方文化里，不同辈分的人相遇，晚辈需向长辈问好，表现应有的尊重。西方文化的等级和身份观念比较淡薄，在相互交际中比较随意，不拘于礼仪的限制，重视内心感受，坦率直白。

96. 中国人作山水画时，平远之境很少有一望无垠的，总以隐隐两三峰，点缀山水无穷处。西方人总是习惯把自己与作品放在相对位置，使用透视法寻找自己的位置，以一种纯粹观看的角度来对待作品，因而当他们面对"散点透视"的中国画时，总为"I don't know where I am"的问题而苦恼。而中国古典画师则认为西洋画法"虽工亦匠，不入画品"。

93. _____
94. _____
95. _____
96. _____

A. 审美观念差异
B. 定势与偏见
C. 隐私观念差异
D. 交往观念差异
E. 交际风格差异

第97—100题

台北"故宫博物院"，是中国大型综合性博物馆、台湾规模最大的博物馆。院体是中国传统宫殿式建筑，白墙绿瓦，庄重典雅，富有民族特色。

馆内所藏皆为珍品，包括商周青铜器，历代玉器、陶瓷、古籍文献、名画碑帖等。有人曾统计展馆每三个月更换一次展品，可以展览三十年不重样。

目前馆藏精品有翠玉白菜、毛公鼎、《快雪时晴帖》、汝窑青瓷碟等。

97. 台湾自古以来就是中国领土不可分割的一部分，清朝曾设置台湾府，隶属：（ ）
　　A. 福建省　　B. 广东省　　C. 浙江省　　D. 湖南省

98. "翠玉白菜"据传曾是光绪皇帝妃子的陪嫁。光绪帝与下列哪一著名历史事件有关？（ ）

    A. 公车上书   B. 戊戌变法   C. 百团大战   D. 秋收起义

99. 毛公鼎是西周晚期毛公所铸青铜器，记载了毛公向周宣王献策之事，请你据此推测鼎内字体为：（ ）

    A. 隶书   B. 金文   C. 楷书   D. 甲骨文

100. 《快雪时晴帖》是东晋书法大家的作品，这位书法家是：（ ）

    A. 怀素   B. 王献之   C. 王羲之   D. 欧阳修

第三部分 综合素质

概 述

一、考试范围

《国际汉语教师证书》考试笔试试卷的第三部分考查考生的综合素质，主要范围是跨文化交际，也会涉及教学组织与课堂管理、职业道德与专业发展。

二、试题特点

第三部分的试题分为两种类型，前35题（101—135）为"判断认同程度"题，后15题（136—150）为"选择最佳处理方式"题。下面将分别介绍这两种题型。

首先是"判断认同程度"题。这部分题目的整体形式来源于李克特量表。李克特量表是一种应用非常广泛的心理测量量表，受测者先对一组与测量主题有关的陈述发表自己的看法，最后合计受测者的总分，从而得出受测者的态度强弱或者在这一量表上的不同状态。在测量中，一般采用"五点"量表，即非常同意、同意、无所谓（不确定）、不同意、非常不同意。由于细分了态度的类别，运用"五点"量表能更细致地测出人们态度的差别。在制定量表时，研究者首先对每个回答给予一个分数，如果是"正向（积极）"陈述，则从非常同意到非常不同意分别为5、4、3、2、1分，而"反向（消极）"陈述从非常同意到非常不同意则分别为1、2、3、4、5分。受测者根据自己的实际情况和观点对每条陈述进行评分，最后选取具有区分度的陈述组成最终量表，进行正式施测。

将李克特量表的基本理论运用于第三部分的"判断认同程度"题，则是让考生对每一案例下的若干小题作出"非常不认同、比较不认同、不确定、比较认同、非常认同"五个等级的评价，然后根据"正向题"和"反向题"的区分转换成分数进行合计，最后得到每一位考生的总分，即态度分数，以此为基准对考生的整体态度形成一个较为直观的印象。

其次是"选择最佳方式处理"题。这部分题目的难度可以说相对前35题有所降低，考生只需要在给定的四个备选答案A、B、C、D中选择一个最佳选项即可。在掌握课堂教学管理、跨文化交际原则等基本概念和理论的基础上，可通过比较法、排除法、找绝对词等方法解题。

三、应试策略

首先，对于第三部分题型，只有掌握了相关知识和理论概念才能以不变应万变。特别在处理跨文化相关的不同案例时，考生关键要把握如下的一个大方向：既要坚持本民族立场，保持本国文化特性，又要尊重别国文化，在冲突、对话与协商中求同存异，构建"第三空间"。

其次，由于考试时间有限，此类题目规律性又不强，考生不能过于纠结，要跟着"感觉"走。这里的"感觉"是指基于所学知识、理论与正确价值观等做出的判断，认同则认同，不认同则不认同，只有在切切实实无法判断或需要视情况而定时方可选择不确定。第三部分的50道题有心理测试的性质，只有选择自己最认可的一项，才可以始终保持稳定性。

最后，考生要明确认同度题型中，选项互不干扰，即前一题选择答案B，后一题如果还是比较不认同，仍然可以选择B。即使是在同一案例中，ABCDE五个选项仍可以重复被选择。另外，考生要慎选C项"不确定"。因为不知如何选择而盲目选择太多"不确定"项，可能说明考生缺乏判断力和主见。

四、复习范围

关于跨文化交际方面，考生可以参考胡文仲的《跨文化交际学概论》，祖晓梅的《跨文化交际（汉语国际教育硕士系列教材）》，李庆本等的《国际汉语教师标准丛书：中外文化比较与跨文化交际》，莫爱屏、莫凡的《跨文化交际教程》等。而关于教师职业道德，考生可以参考李云霞的《国际汉语教师职业道德与专业发展》，郭睿的《汉语教师发展》等。此外，朱勇主编的《国际汉语教学案例与分析（修订版）》，［新西兰］Victor Siye Bao、曾凡静、鲍思欢的《为师有道：对外汉语教师修炼指南》，［美］刘美如（Meire LIU）、吕丽娜（Lina LU）的《智在沟通：国际汉语教学与管理案例及解析》，给出了很多海外教学实例并进行相应的分析，对于第三部分的作答有很高的参考价值。

例题详解

第一题

> 本部分为情境判断题，共50题。
>
> 第101—135题，每组题目由情境及随后的若干条与情境相关的陈述构成。每条陈述都是对情境的一种反应，包括行为、判断、观点或感受等。请先阅读情境，然后根据你对情境的理解，判断你对每条陈述的认同程度，并在答题卡上填涂相应的字母，每个字母代表不同的认同程度。说明如下：

A	B	C	D	E
非常不认同	比较不认同	不确定	比较认同	非常认同

> 杨老师刚到悉尼的一家孔子学院工作，她的学生都是六七岁的小朋友。在同事的帮助和指导下，杨老师备好了前几堂课。第一次课的内容是向学生们介绍中国的国旗、国徽和国歌。当她在课上播放完《义勇军进行曲》之后，小朋友们都觉得这首歌非常"cool"和"powerful"，要求杨老师教他们唱，这让杨老师十分意外。

面对这种情况，如果你是杨老师，请你给出对下列陈述的认同程度：

1. 答应学生的要求会打乱自己的教学安排，而且作为新老师，开展事先没有准备的教学活动可能会力不从心。
2. 难得学生表现出了对课堂内容的强烈兴趣，应满足他们的要求，并利用这个机会，更深入地介绍中国的国旗、国徽和国歌。
3. 告诉学生之后的课会安排教唱中国国歌，课后向有经验的同事或者领导请教，听取他们的建议。
4. 给学生发放音频资料，让学生利用课余时间自行学习，这样既不打乱教学安排，又能满足他们的要求。

1.
【答案】D
【详解】由材料可知：杨老师已经备好了前几堂课的内容，而在第一堂课上发生了意外情况，即学生觉得《义勇军进行曲》很酷，要求杨老师教他们唱，这并不在杨老师的教学计划中，因此若答应学生的要求必然会打乱教学安排，题干的表述合理。并且，杨老师是一名刚赴任的新教师，教学经验还不够充足，应对课堂突发状况的能力尚待提高，在没有同事的帮助和指导下贸然开展事先没有准备好的教学活动会显得欠考虑且力不从心。由此看来，题干表述均较为合理，故排除A"非常不认同"、B"比较不认同"、C"不确定"选项，但是，题干只是从教学安排会被打乱以及杨老师作为一名新教师的角度出发，并没有考虑到课上教授国歌一举是否欠妥，也没有给出一个合理可行的问题解决方案，所以选择D"比较认同"。

2.

【答案】B

【详解】本题题干表明杨老师将会深入介绍国旗、国徽和国歌。首先，从所给材料中看出，杨老师并没有对这些内容有深入介绍的打算，所以如果一味地为了迎合学生的兴趣进行深入介绍的话，会打乱教学计划。其次，国旗、国徽和国歌涉及到政治问题，老师在海外进行教学时尤其要注意，简单介绍，点到为止即可，不能太过深入，否则容易触碰到政治敏感话题，这也就违背了海外汉语教师课堂教学的原则。所以这一题我们明显不能选择C"不确定"、D"比较认同"、E"非常认同"。但除此以外，老师在教学中有效利用学生的兴趣点是提高教学效率以及提高学生兴趣度的重要手段，所以迎合学生兴趣设计或临时引申一些教学内容是必不可少的，这一点我们必须认同。但这些兴趣点最好是与课堂有关并且不容易触及敏感话题的，而"深入地介绍中国的国旗、国徽和国歌"这一行为明显是不合适的。对引申的"度"也要有所把握，不能太少吊着学生胃口引发学生不良情绪，也不能太多打断教学进程。所以整体来说本题选B"比较不认同"。

3.

【答案】B

【详解】题干实际包含两处需要分析的行为：行为一是告诉学生课后会安排教唱国歌；行为二是课后向有经验的同事或领导请教，听取建议。首先需要明确的是，"在课上教唱国歌"的行为是不合时宜的。国歌是国家尊严以音乐形式的展示，演唱国歌是一件极为严肃和庄重的事情。在汉语课堂教唱国歌既有失礼仪也有灌输政治观念的嫌疑，在很多国家都是明令禁止的。"课后请教有经验的同事或领导"是认真总结经验，不断改进方法的表现，这种行为是值得提倡的。一名合格的汉语教师需要在工作中积极与他人沟通，不断吸取成功的经验，同时服从学校的管理，严格遵守学校的规章制度。综上，行为一的表述存在方向性错误，容易引起政治问题，不利于有效的课堂管理，因此排除"认同"和"不确定"选项，而行为二的表述又是合理的，因此排除极端答案A"完全不认同"，选择B"比较不认同"。

4.

【答案】D

【详解】题干中主要表达的是将学习材料发放给学生进行自主学习。该做法既不占用课堂时间，也不会干扰教学进度，还能满足学生的学习需求，更重要的是不会引起班级老师或家长的反感，作为老师没有在课上集中组织学生唱国歌，所以也就没有灌输政治观念的问题。所以该做法是非常可行的。但同时要考虑到，学生主体为六七岁的小朋友，在国外，低年级的孩子每天只有阅读作业，而且他们也会参加大量的课外活动或者兴趣班，家长也许根本不会带着孩子专门进行国歌方面的学习；或者孩子有兴趣，但是家长觉得这与政治有关，不想带着孩子一起收听音频的情况也会存在；当然最理想的状态就是家长帮助孩子使用多媒体听国歌，孩子们能够学唱。综上所述，将材料发给学生的做法比较可取，但学生最后未必能学习到，所以排除E"非常认同"，选择D"比较认同"。

第二题

> 第136—150题，每题由一个情境和四个与情境相关的陈述构成，每个陈述都是对这个情境的一种反应，包括行为、判断、观点或感受等。请先阅读情境，然后根据你对情境的理解，从ABCD四个陈述中选出你认为在此情境下最为合适的反应。

> 小丁去年被派往英国伦敦孔院担任汉语志愿者教师。有一次，她乘坐公交车去学校上课，中途，一位年近80岁的老人颤颤巍巍地走上公交车。小丁看见后立马起身给这位老人让座。但这位老人非但不感谢小丁，反而认为小丁在嘲笑她，这让小丁觉得很受委屈。

面对这种情况，如果你是小丁，请你给出最为合适的选择：
A. 在英国，是否给老人让座要看其需要，而不是因为年纪大。
B. 英国的老人有些不近人情，以后尽量少和他们接触。
C. 尊老爱幼是中华民族的传统美德，小丁给老人让座没有错。
D. 英国是一个集体主义社会，所以年轻人不必给老人让座。

【答案】A

【详解】尊老爱幼是中华民族的传统美德，因此在中国人的观念中，给老人让座是尊重和关爱老人的体现。当然，其他民族也有尊老爱幼的价值观，但是表现形式可能存在差异，也许在中国被普遍认可的行为在其他国家就是不被认可的，C项不恰当。由于英国是一个倡导个人主义的社会，个体的独立表现在生活的方方面面，D项不恰当。在英国人的观念中，给老人让座要看他是否需要，而不是因为年纪大。主动给老人让座的行为则被视为对老人的不尊重，这反映出让座人认为老人没有能力照顾自己，这会让老人感到非常羞耻，A项的理解比较恰当。当我们理解了"是否让座"背后的文化差异，我们自然也会理解英国老人对让座感到生气的原因。我们要学会理解其他民族的思维方式和价值观念，而不要因为文化冲突而减少沟通，B项不恰当。

实战训练一

本部分为情境判断题，共50题。

第101—135题，每组题目由情境及随后的若干条与情境相关的陈述构成。每条陈述都是对情境的一种反应，包括行为、判断、观点或感受等。请先阅读情境，然后根据你对情境的理解，判断你对每条陈述的认同程度，并在答题卡上填涂相应的字母，每个字母代表不同的认同程度。说明如下：

A	B	C	D	E
非常不认同	比较不认同	不确定	比较认同	非常认同

例题：

> 杨老师刚到悉尼的一家孔子学院工作，她的学生都是六七岁的小朋友。在同事的帮助和指导下，杨老师备好了前几堂课。第一次课的内容是向学生们介绍中国的国旗、国徽和国歌。当她在课上播放完《义勇军进行曲》之后，小朋友们都觉得这首歌非常"cool"和"powerful"，要求杨老师教他们唱，这让杨老师十分意外。

面对这种情况，如果你是杨老师，请你给出对下列陈述的认同程度：

1. 答应学生的要求会打乱自己的教学安排，而且作为新老师，开展事先没有准备的教学活动可能会力不从心。
2. 难得学生表现出了对课堂内容的强烈兴趣，应满足他们的要求，并利用这个机会，更深入地介绍中国的国旗、国徽和国歌。
3. 告诉学生之后的课会安排教唱中国国歌，课后向有经验的同事或者领导请教，听取他们的建议。
4. 给学生发放音频资料，让学生利用课余时间自行学习，这样既不打乱教学安排，又能满足他们的要求。

作答示例：若你对第1题的陈述比较不认同，则选择B；若对第2题的陈述比较认同，则选择D；若对第3题陈述非常不认同，则选择A；若对第4题陈述的认同程度介于"比较不认同"和"比较认同"之间，则选择C。各题之间互不影响。

第 101—108 题

> 李老师刚来到澳大利亚教授中文,授课对象为 13 岁左右的孩子。为了上好汉语课,课前他做好了充分的准备。但他没有想到的是,上课第一天就出了状况,有些孩子在课堂上随意说话、吃零食,还有几个孩子甚至离开座位,嬉戏打闹,课堂秩序十分混乱。李老师为了维持正常的上课秩序提出多次警告,但成效都不甚理想。

面对这种情况,如果你是李老师,请你给出对下列陈述的认同程度:

101. 可以向有经验的前辈们请教一下维持课堂秩序的方法。
102. 对于在课堂上随意离开座位的学生,可以通过奖励强化的方式进行管理。
103. 课堂管理最好的办法是活动,可以组织一些游戏激发学生的兴趣。
104. 用强硬的手段来管理课堂是不可取的,有时甚至会适得其反。

> 在一次教学检查中,校方对刘老师任教班级的课堂秩序感到失望,并找他谈话,要求尽快改进。刘老师对此感到十分焦虑,情急之下严厉斥责了几个不遵守秩序的调皮学生。没想到第二天这些被批评的学生都不来上课了,并且有家长找到校领导,向其反映刘老师的态度有问题。

面对这种情况,如果你是刘老师,请你给出对下列陈述的认同程度:

105. 对于校方提出的改进意见,应该无条件听从。
106. 对于斥责学生一事,确实是自己的不对,要进行深刻反思并寻求更好的解决方法。
107. 应该尽快与被批评孩子的家长进行沟通解释,做好道歉的准备。
108. 妥善解决此事,不要让矛盾激化。

第 109—116 题

> 一天,美娜老师给孩子们上国画课,她先用 PPT 进行了简单的国画知识讲解,然后展示了一些经典的国画作品,最后是和学生共同完成一幅作品。很多学生都十分认真地听讲,并显示出了浓厚的兴趣,但这时麦克出现了不当行为,他因为调皮把同桌的墨汁打翻了。

面对这种情况,如果你是美娜老师,请你给出对下列陈述的认同程度:

109. 当众批评麦克并让他向旁边的小朋友道歉。
110. 麦克之所以在课堂上捣乱是因为缺乏自制力。
111. 将麦克的行为告诉他的父母,让父母进行教育管理。
112. 走到麦克身边,小声提醒他注意课堂纪律。

> 墨汁被打翻后，美娜老师马上拿来了新的。但是麦克又突然玩心大发，和周围其他几个男孩子谈论起了游戏，甚至把桌上的宣纸、笔当做"武器"，把桌上弄得一塌糊涂。他的同桌终于忍不住了，对麦克说了句："Shut up!" 没想到麦克也丝毫不让步，两人就此争吵了起来。其他学生看到这一幕，也纷纷放下手中的画笔，津津有味地开始"观战"。

面对这种情况，如果你是美娜老师，请你给出对下列陈述的认同程度：

113. 立即把两人带出教室，以免影响其他学生上课。
114. 走到他们身边，从中调解，试图稳定两人的情绪。
115. 将两人的座位分开，分别再次提供宣纸和笔，并在一旁监督麦克完成作业。
116. 提前下课，并将两人带到办公室化解矛盾。

第117—120题

> 小周是一名奔赴西班牙教中小学的志愿者。为了增强教学的趣味性，他通常会设计一些活动和游戏，大部分学生也很喜欢。但有一次，在游戏的间隙，一名学生突然向他提出，这一游戏很幼稚，是在浪费时间，完全没有安排的必要。

面对这种情况，如果你是小周，请你给出对下列陈述的认同程度：

117. 面对学生的质疑，我应该客观冷静地思考。
118. 这位学生在不理解游戏目的的情况下随意下结论，我应该坚持自己的想法，不予回应。
119. 众口难调的情况在所难免，绝大多数人喜欢就行。
120. 要照顾到每个人的学习特点，下次在游戏方面做些改进。

第121—125题

> 一次汉语课上，一名韩国学生突然向李老师提问："韩语中有非常严格的敬语系统，但是汉语中却没有，所以汉语是不是一种没有礼貌的语言呢？"这一提问引起了其他同学的小声议论。

面对这种情况，如果你是李老师，请你给出对下列陈述的认同程度：

121. 首先应该肯定该学生的提问，然后给出合理的解释。
122. 告诉学生不同的语言表达礼貌的方式也可能有所不同，汉语虽然没有敬语系统，但不会影响中国人礼貌、得体地使用语言。
123. 该学生的提问带有一定的攻击性，可以含糊略过，不给予回答。
124. 可以让其他有想法的同学尝试回答这一问题。
125. 课上简要回答这一问题，课后再找这位同学交流。

第126—130题

> Grace在新加坡一所大学授课，一次，在讲到汉字"面"的时候，为了让学生进一步接触中国文化，她拓展了"面"的繁体形式，但是，在黑板上写完后，突然有学生指出："Grace, it's wrong."一时，课堂陷入沉寂。

面对这种情况，如果你是Grace，请你给出对下列陈述的认同程度：

126. 面对这种情况，首先应该保持冷静，不能乱了阵脚。
127. 可以请那位指出错误的学生上台改正，并给予鼓励和表扬。
128. 这件事情让自己丢了面子，下次课上还是不要教繁体字了。
129. 通过其他活动来转移学生视线，不能影响了自己的心情。
130. 下次课前务必做好充分准备，确保教学质量。

第131—135题

> 贺老师目前在韩国一所中学教汉语，和班上学生相处十分融洽。一次周末，有同学提议全班一起去聚餐，并邀请了贺老师。贺老师觉得这是与学生增进感情的好机会，于是欣然答应。他们找了一家韩国餐厅，入座后开始点餐。用餐的时候，贺老师出于习惯和方便，将饭碗端了起来，引来了学生的侧目。后来，有学生告诉她，在韩国，享用韩餐的过程中，饭碗一直要放在桌子上，端起饭碗吃饭被认为是失礼的行为。

面对这种情况，如果你是贺老师，请你给出对下列陈述的认同程度：

131. 作为一名国际汉语教师，需要了解所在国家的用餐礼俗，避免失礼的行为。
132. 要抱着宽容的心态看待各个国家的风俗习惯。
133. 不必苛求每个人都遵守当地的用餐习惯，毕竟生活方式不同。
134. 为避免麻烦，下次聚餐尽量不出席。
135. 有问题在餐桌上就可以小声提醒我，以便及时改正。

第136—150题，每题由一个情境和四个与情境相关的陈述构成，每个陈述都是对这个情境的一种反应，包括行为、判断、观点或感受等。请先阅读情境，然后根据你对情境的理解，从ABCD四个陈述中选出你认为在此情境下最为合适的反应。

例题：

> 李敏在日本一所学校教汉语，刚到日本时，她选择与一位日本同事合租公寓。日本对垃圾分类有严格的要求，虽然李敏很注意垃圾的分类，但由于之前并没有这方面的经验，所以还是经常弄错，甚至导致邻居投诉，室友也多次因此事指责她，言语之间甚至认为李敏没有素质。

根据上述情境，如果你是李敏，请你给出最为合适的选择：

A. 无需多解释，自己努力学习如何处理垃圾，在不与室友和邻居发生冲突的情况下解决问题。
B. 主动向室友和邻居道歉，说明原委，并向室友寻求帮助，向她学习垃圾分类的方法。
C. 鉴于和室友以及邻居目前的关系不太好，还是尽快找中国同事合住，以便度过适应期。
D. 被室友和邻居误解太没面子了，须尽快从中国同事那里学习垃圾分类的技巧。

答案：B

第136题

> 孙老师是美国一所中学的汉语老师。在一次汉语课上，有一名学生表示对上课内容不感兴趣，甚至说出了以"F"开头的带有侮辱性质的词汇，课堂气氛一时陷入尴尬。

面对这种情况，如果你是孙老师，请你给出最为合适的选择：

A. 私下找该学生谈话，进行开导。
B. 课后马上报告校方，严肃处理此事，并要求该学生道歉。
C. 息事宁人，让事情就这么过去。
D. 将此事告诉学生父母，让父母进行教育。

第 137 题

> 一次开会的时候，领导宣布小丁将接手王老师的班级，而王老师因为个人原因被调往其他学校教汉语。即将面对一群新学生，很可能出现磨合问题，小丁会怎么做呢？

面对这种情况，如果你是小丁，请你给出最为合适的选择：

A. 主动联系和请教王老师，了解清楚该班学生的情况，并学习王老师的教学和管理经验。

B. 跟个别学生交朋友，了解他们的喜好。

C. 坚持自己的教学风格，给自己树立信心。

D. 认真备课，给学生留下良好的第一印象。

第 138 题

> 一名男学生喜欢上了教他汉语的小高老师。有一次，他利用课堂造句练习的机会向小高老师表达了爱意："我很喜欢你。"

面对这种情况，如果你是小高老师，请你给出最为合适的选择：

A. 当机立断，在课堂上回应："可是我不喜欢你。"

B. 不给予明确的答复，以微笑掩饰自己的尴尬。

C. 课堂上先回答："谢谢！我也爱你们，因为你们都很棒。"课后再坦率地拒绝，态度一定要真诚。

D. 告诉他自己已经有喜欢的人了，你们之间是不可能的。

第 139 题

> 一次上课，小刘老师精心准备的 PPT 因为设备故障无法播放声音，他一时不知如何是好。

面对这种情况，如果你是小刘老师，请你给出最为合适的选择：

A. 立即找人维修，直到能播出声音。

B. 先进行其他内容的教学，课间再请相关人员协助维修，把这部分的内容推延到下节课。

C. 自己尝试解决，让学生自习。

D. 问一下是否有学生会解决这一问题，寻求学生的帮助。

第 140 题

> 赵老师的班上有一名学生，因为汉语水平不好，上课的时候不愿意发言，有小组讨论的活动时参与的积极性也不是很高。

面对这种情况，如果你是赵老师，请你给出最为合适的选择：

A. 减少对他的提问次数。

B. 了解他的兴趣，课堂上可以侧重提问他擅长回答的问题，增强他的自信心。

C. 让水平高的学生跟他坐一起，帮助他。

D. 课后多关注他，适当地进行辅导，帮助他提高汉语水平。

第 141 题

> 一次汉语课上，许老师在讲到西藏的美景时，一位学生突然提问："老师，你觉得西藏应该独立吗？"

面对这种情况，如果你是许老师，请你给出最为合适的选择：

A. 让学生们针对这一问题进行简单讨论。

B. 站在客观的立场上阐明自己的态度，然后尽快转移话题，不要揪着不放。

C. 询问这位学生的看法，如和自己不一致，马上申明自己的想法。

D. 无视这一提问，继续上课。

第 142 题

> 钱老师在澳大利亚一家孔子学院当汉语老师，近期她想举办一场有关"中秋节"的文化活动。

面对这种情况，如果你是钱老师，请你给出最为合适的选择：

A. 先写策划书，确定活动的目的和流程。

B. 先联系几个熟悉的朋友过来帮忙。

C. 首先应将此活动计划告知汉办和校方负责人，征得其同意后再进行。

D. 自己先去市场采购需要用到的材料。

第 143 题

> 小董目前在韩国一所中学任职汉语教师，最近因为午睡的问题和办公室里的韩国老师产生了误会。原来，在韩国，是没有睡午觉这一习惯的。

面对这种情况，如果你是小董，请你给出最为合适的选择：

A. 入乡随俗，慢慢改变这一习惯。

B. 坚持自己的习惯，毕竟没有造成很大的麻烦。
C. 减少午睡的次数，或者趁办公室没人的时候午睡。
D. 和办公室的老师争论午睡的好处，试图说服他们。

第 144 题

> 陈老师在一所大学教预科班，一天，一个同学拿着他不及格的卷子来到办公室，恳求陈老师帮他修改分数。

面对这种情况，如果你是陈老师，请你给出最为合适的选择：
A. 看在这位学生平时也很努力的份上，同意帮他修改。
B. 严词拒绝，并对他的行为进行批评教育。
C. 坚持自己的原则，并告诉他如果这么做的话有失公平，希望他下次继续努力。
D. 报告上级，看领导如何处理。

第 145 题

> 丁老师在国内一所大学教汉语进修班，班上有来自日本、美国、西班牙等不同国家的学生。最近丁老师发现班上的学生似乎只愿意和本国的学生交朋友，而和其他国家的学生则几乎没有交集。

面对这种情况，如果你是丁老师，请你给出最为合适的选择：
A. 不用太在意，时间一长大家自然都会成为好朋友。
B. 建立和谐的课堂气氛，多组织集体活动，增强学生之间的凝聚力。
C. 找几个学生谈一下，鼓励他们结识新朋友。
D. 有意识地破除学生的文化偏见，向他们展示不同文化的魅力。

第 146 题

> 一次汉语课上，张老师正在讲"颜色词"，突然从窗外飞进来一只蝴蝶。孩子们的目光瞬间被蝴蝶吸引了，不再听老师讲课。

面对这种情况，如果你是张老师，请你给出最为合适的选择：
A. 提高说话声调，试图将学生拉回课堂。
B. 尝试将蝴蝶赶出教室。
C. 提议玩游戏，转移孩子们的注意力。
D. 先赞美这只蝴蝶，随后将"蝴蝶"与"颜色词"结合，询问孩子们蝴蝶的颜色。

第 147 题

> 有一天,程老师在办公室和几位外国老师聊天,有一个老师认为现在计算机如此普及,连中国人都不怎么写字了,更没必要教外国学生写汉字。

面对这种情况,如果你是程老师,请你给出最为合适的选择:

A. 这位老师言之有理,汉字教学今后应该慢慢被取缔。

B. 虽然时代在发展,但是汉字仍然是重要的交际工具,基本的汉字字形学生应该掌握。

C. 今后可以让电脑打字取代手写汉字。

D. 这位老师简直是一派胡言,汉字教学的地位无可取代。

第 148 题

> 唱儿歌是少儿汉语教学中较为常用的一种课堂活动形式,但有一次小吴老师在教唱儿歌时,一名学生突然起身,表示自己对所教儿歌不感兴趣。

面对这种情况,如果你是小吴老师,请你给出最为合适的选择:

A. 不用理会他,毕竟大多数孩子喜欢。

B. 让这名学生站在一旁,调节一下情绪。

C. 让其他同学自己跟唱儿歌,同时走到他身边说明教儿歌的用意并安抚他的情绪。

D. 立即中断这首儿歌,进入下一环节。

第 149 题

> 于老师在一家培训机构当汉语老师,最近她发现讲课时老是有学生摆弄手机,影响了教学效果。

面对这种情况,如果你是于老师,请你给出最为合适的选择:

A. 制定规则,控制学生在课上使用手机的频率。

B. 不允许学生将手机带进教室。

C. 让学生一进教室就将手机关机,放在包里。

D. 适当地提醒,如:"我希望你不要再看手机了。"

第 150 题

> 小丽在国外一所大学教汉语,今天是系里的老师一起聚餐的日子,但她因为一些私人原因迟到了五分钟。

面对这种情况,如果你是小丽,请你给出最为合适的选择:

A. 就迟到了一小会儿,不需要过多解释。

B. 请客吃饭以表达自己的歉意。

C. 观察其他老师的脸色,随机应变。

D. 向其他老师说明迟到的原因,并真诚地表达歉意。

实战训练二

本部分为情境判断题，共50题。

第101—135题，每组题目由情境及随后的若干条与情境相关的陈述构成。每条陈述都是对情境的一种反应，包括行为、判断、观点或感受等。请先阅读情境，然后根据你对情境的理解，判断你对每条陈述的认同程度，并在答题卡上填涂相应的字母，每个字母代表不同的认同程度。说明如下：

A	B	C	D	E
非常不认同	比较不认同	不确定	比较认同	非常认同

例题：

> 杨老师刚到悉尼的一家孔子学院工作，她的学生都是六七岁的小朋友。在同事的帮助和指导下，杨老师备好了前几堂课。第一次课的内容是向学生们介绍中国的国旗、国徽和国歌。当她在课上播放完《义勇军进行曲》之后，小朋友们都觉得这首歌非常"cool"和"powerful"，要求杨老师教他们唱，这让杨老师十分意外。

面对这种情况，如果你是杨老师，请你给出对下列陈述的认同程度：

1. 答应学生的要求会打乱自己的教学安排，而且作为新老师，开展事先没有准备的教学活动可能会力不从心。
2. 难得学生表现出了对课堂内容的强烈兴趣，应满足他们的要求，并利用这个机会，更深入地介绍中国的国旗、国徽和国歌。
3. 告诉学生之后的课会安排教唱中国国歌，课后向有经验的同事或者领导请教，听取他们的建议。
4. 给学生发放音频资料，让学生利用课余时间自行学习，这样既不打乱教学安排，又能满足他们的要求。

作答示例：若你对第1题的陈述比较不认同，则选择B；若对第2题的陈述比较认同，则选择D；若对第3题陈述非常不认同，则选择A；若对第4题陈述的认同程度介于"比较不认同"和"比较认同"之间，则选择C。各题之间互不影响。

第 101－108 题

> 李老师在意大利罗马教授成人中文。每次到了上课时间，学生总是陆陆续续来到教室。李老师考虑到大家都是成人，有一定的自觉性，加上偶尔可能会有一些特殊情况，所以只简单地提醒了两次。没想到，一个月后，学生迟到和缺勤越来越严重。每天准时来上课的学生开始抱怨，说不想因为别人而耽误自己的学习。

面对这种情况，如果你是李老师，请你给出对下列陈述的认同程度：

101. 教师的主要任务是教学，督促学生按时来上课是次要的。
102. 在课上当面询问学生迟到或者缺勤的原因。
103. 让迟到的学生唱歌或者跳舞等。
104. 反思自己的教学安排、教学内容、形式等，从自身找原因。

> 上了几次课，李老师发现班上的大卫不愿意开口回答问题，更不会主动回答老师的提问。一次，李老师为了鼓励大卫说话，就点名让他回答。没想到，他竟然拒绝回答。

面对这种情况，如果你是李老师，请你给出对下列陈述的认同程度：

105. 为了公平地对待每位学生，坚持让大卫回答这个问题。
106. 大卫学习态度有问题，还让教师的尊严受到了冒犯。
107. 尊重大卫的个人意愿，以后也尽量不要提问他。
108. 课后和大卫沟通，让他知道拒绝回答问题是不值得鼓励的。

第 109－116 题

> 陈老师在法国一所中学教汉语，所教班级学生应该已经达到了中级水平。但第一堂课，陈老师要求所有学生做自我介绍。结果，她发现学生水平差异很大，有的连"中文哪里很难"等基本的问题都听不懂。而且，学生习惯了以前老师用法语上课，对陈老师整节课利用汉语教学没有适应过来。

面对这种情况，如果你是陈老师，请你给出对下列陈述的认同程度：

109. 尽快了解和掌握所教班级全体学生的汉语水平和个体差异。
110. 抛弃自己原有的教学方式，和以前的老师一样尝试用法语进行汉语教学。
111. 可以向法国同事请教，问问他们如何处理学生水平差异的问题。
112. 向办公室说明情况，将一些水平过高或过低的学生调换到其他班级。

一节课下来，因为不适应，有些学生开始变得不配合，也不理睬陈老师。个别调皮的学生还说："我们的白老师很好。我们喜欢白老师。"白老师是前任汉语教师。

面对这种情况，如果你是陈老师，请你给出对下列陈述的认同程度：

113. 学生的态度表明他们是在针对自己，不予理会。
114. 向学生说明换老师的原因，让他们接受现实。
115. 尝试与白老师取得联系，向他请教。
116. 邀请当地教师来听课，由此发现自己在教学上需要改进的地方，适应当地的教学方式。

第 117－124 题

王老师在非洲一所大学的孔子学院教汉语。马克是王老师班上的一位学生，他常常语出惊人，喜欢问老师一些政治敏感问题，如中国的独生子女政策等。一次课教"从……（国家）来"这个结构，王老师特意强调了结构中间使用的是国家名。练习的时候，轮到马克，他却说出"他从台湾来"这个句子。

面对这种情况，如果你是王老师，请你给出对下列陈述的认同程度：

117. 严厉批评马克，明确指出台湾不是一个国家。
118. 置之不理，要求马克重新再说一个句子。
119. 借此机会提出问题，进行解释和辩驳，纠正学生不当的观点和看法。
120. 学生可能不了解中国的情况，这情有可原，老师不应该放在心上。

王老师在期末进行口语考试，题目是介绍圣诞假期的安排和计划。考试进行得很顺利，但是安娜看到题目后却表示不愿意做。王老师还发现她似乎有点儿不高兴。安娜平时学习很努力也很积极，汉语水平不错，不可能是因为她不会。王老师询问后才知道，原来安娜家从不过圣诞节，她家信仰的是一个小众的宗教。

面对这种情况，如果你是王老师，请你给出对下列陈述的认同程度：

121. 向学生表明自己无意涉及宗教问题，如果有冒犯，请接受本人的道歉。
122. 立刻去掉圣诞节的全部信息，要求安娜谈论任意假期的安排和计划。
123. 在以后的考试和课堂中，回避宗教问题，以免引起不必要的冲突和纠纷。
124. 了解所有学生的个人信息，不侵犯他们的信仰等隐私。

第 125－135 题

> 孙老师在新西兰一所小学教汉语。上课时，学生们有的坐在座位上，有的坐在地上，有的坐在桌子上。一节课，学生们很难乖乖不动，而且常常违反纪律，说话、打闹、跑动……这把孙老师折磨得很痛苦。

面对这种情况，如果你是孙老师，请你给出对下列陈述的认同程度：

125. 尊重当地课堂，不强制让学生一直坐在座位上。
126. 虽然学生是少儿，但也要严格管理，该发火的时候要发火。
127. 今后避免设计需要学生走动或者离开座位的课堂活动。

> Sam 是孙老师班上的"问题学生"，他常常破坏课堂纪律，甚至打断正常的教学。课上孙老师试着不去理他，他又会去招惹别的同学，影响他们学习。

面对这种情况，如果你是孙老师，请你给出对下列陈述的认同程度：

128. 课下找该学生谈话，让他意识到自己的问题。
129. 联系学校负责人，请求协助管理该学生。
130. 跟其他任课教师沟通，了解该学生在其他课上的表现。
131. 联系该学生的家长，请家长协助管理。

> 一次，孙老师因为发音问题而叫错一位学生的名字，这立刻引来全班孩子的哄堂大笑。

面对这种情况，如果你是孙老师，请你给出对下列陈述的认同程度：

132. 立刻向这位学生道歉，免得引起不愉快。
133. 运用开玩笑或者自嘲的方式告诉学生学好外语发音的重要性。
134. 严肃地向学生指出，取笑别人的错误是一种不礼貌的行为。
135. 采用"冷处理"方式，让学生意识到"笑得不是时候"，迅速将他们的注意力引回课堂。

第 136—150 题，每题由一个情境和四个与情境相关的陈述构成，每个陈述都是对这个情境的一种反应，包括行为、判断、观点或感受等。请先阅读情境，然后根据你对情境的理解，从 ABCD 四个陈述中选出你认为在此情境下最为合适的反应。

例题：

> 李敏在日本一所学校教汉语，刚到日本时，她选择与一位日本同事合租公寓。日本对垃圾分类有严格的要求，虽然李敏很注意垃圾的分类，但由于之前并没有这方面的经验，所以还是经常弄错，甚至导致邻居投诉，室友也多次因此事指责她，言语之间甚至认为李敏没有素质。

根据上述情境，如果你是李敏，请你给出最为合适的选择：

A. 无需多解释，自己努力学习如何处理垃圾，在不与室友和邻居发生冲突的情况下解决问题。

B. 主动向室友和邻居道歉，说明原委，并向室友寻求帮助，向她学习垃圾分类的方法。

C. 鉴于和室友以及邻居目前的关系不太好，还是尽快找中国同事合住，以便度过适应期。

D. 被室友和邻居误解太没面子了，须尽快从中国同事那里学习垃圾分类的技巧。

答案：B

第 136 题

> 张老师到泰国一所小学教汉语。这所学校要求师生每天课前必须做祈祷，但张老师是无神论者。

面对这种情况，如果你是张老师，请你给出最为合适的选择：

A. 入乡随俗，按照学校规定做祈祷。

B. 坚持自己的文化特点，不做祈祷。

C. 向校长说明情况，希望汉语课不做祈祷。

D. 与孔院协商，调换至不做祈祷的学校。

第 137 题

> 张老师在意大利一所孔子学院教汉语。他的一个学生跟他约好下午 4 点见面，但 4 点半了那个学生还没来，张老师很生气。

面对这种情况，如果你是张老师，请你给出最为合适的选择：

A. 先不等了，重新改约时间。

B. 这是他们的习惯做法，再等等。

C. 打电话要求他快点儿出现。

D. 见面后直接指出学生的不守时带给自己的困扰。

第 138 题

> 孙老师帮同事代课，结果上课时发现同事提供的信息有误，自己精心准备的内容学生已经学过了。

面对这种情况，如果你是孙老师，请你给出最为合适的选择：

A. 改成一堂复习课。

B. 把这课再上一次。

C. 给学生上新一课。

D. 先停上这一次课。

第 139 题

> 小马老师到美国后的第一堂课，学生们就要求他表演中国功夫，可是小马老师不会中国功夫。

面对这种情况，如果你是小马老师，请你给出最为合适的选择：

A. 随意比画几下，满足学生们的要求。

B. 坦白说明自己不会功夫。

C. 立刻用其他的才艺来代替。

D. 跟学生说下节课再表演。

第 140 题

> 美国学生突然在课上问钱老师，中国人怎么会喜欢邪恶的龙。

面对这种情况，如果你是钱老师，请你给出最为合适的选择：

A. 告诉学生他的看法有误，要求他课后去弄清楚。

B. 比较中西方龙的不同之处，引导学生重新判断。

C. 这个问题与课堂无关，先不回答。

D. 让班里学生一起讨论这个问题。

第 141 题

> 小刘老师刚到英国教汉语时间不长。有一天，一个英国同事邀请小刘老师到他家里做客。小刘老师还从来没到英国人家里做过客。

面对这种情况，如果你是小刘老师，请你给出最为合适的选择：

A. 不提前到达，晚到 10—20 分钟。

B. 席间多与熟人聊天，不随意和陌生人交流。

C. 喝汤时，把碗端起来。

D. 把食物全部切好后，再用叉子吃。

第 142 题

> 王丽刚到德国一所孔子学院当汉语老师。有一次，她需要和德国同事之间互送礼物，但她还不太了解德国人送礼物时的礼节。

面对这种情况，如果你是王丽，请你给出最为合适的选择：

A. 送一份贵重的礼物以表达自己的心意。

B. 期待同事送自己一份价值相当的礼物。

C. 收到礼物时，询问对方是否可以打开。

D. 当同事对礼物表示感谢时，谦虚回应。

第 143 题

> 刘强在美国教汉语。有一次，周末的时候发生了一件很紧急的事需要联系学校的有关领导，可是周末时间，领导都不上班。

面对这种情况，如果你是刘强，请你给出最为合适的选择：

A. 情况紧急，立刻打电话给领导。

B. 发邮件告知情况，等待回复。

C. 等到了工作日再联系领导。

D. 先打电话问问同事应该如何处理。

第 144 题

> 王丽老师的厨艺很好,经常在学校宿舍做中国菜。但有一次,旁边房间的俄罗斯老师来跟她说做中国菜气味太大,希望她以后不要做了。

面对这种情况,如果你是王丽老师,请你给出最为合适的选择:
A. 这位俄罗斯老师有点无理取闹,不应该计较这点小事。
B. 这位俄罗斯老师应该学会接受不同的饮食文化。
C. 既然这位老师提出来了,那以后就不要做了。
D. 与这位老师沟通,希望他理解,并邀请他品尝。

第 145 题

> 小李的房东要外出旅游,请她帮忙照顾宠物狗。虽然小李很喜欢狗,但是她的时间可能不允许。

面对这种情况,如果你是小李,请你给出最为合适的选择:
A. 既然住在房东家里,这个忙无论如何都要帮。
B. 先答应,然后再请其他同事或者朋友照顾。
C. 自己并没有帮忙照顾宠物的义务,直接拒绝。
D. 向房东说清楚自己的情况,请求他的理解。

第 146 题

> 周老师制定了课堂纪律,其中一条是要求学生每次课都要带纸和笔。结果第二天就有一位学生什么都没带。

面对这种情况,如果你是周老师,请你给出最为合适的选择:
A. 因为是第一次,所以原谅这位学生。
B. 严格实施纪律,批评这位学生。
C. 问一问他没带的原因,再决定。
D. 总是有个别学生这样,不理会。

第 147 题

> 小吴老师在意大利教汉语,之前答应要给班上一位女生拿课程发票。结果第二天上课因为时间很急,所以他忘带了。没想到,这位女生竟然用意大利语骂小吴老师。

面对这种情况,如果你是小吴老师,请你给出最为合适的选择:
A. 进行辩解,并要求她立刻向自己道歉。

B. 这是个问题学生，马上报告给校方领导。

C. 先了解清楚她这是针对事还是针对人。

D. 请其他教师过来帮助，让他们评评理。

第 148 题

> 小娴老师在非洲教汉语，她慢慢发现班上一位学习努力人又聪明的男生，目光总是跟随着她，似乎对她有好感。

面对这种情况，如果你是小娴老师，请你给出最为合适的选择：

A. 置之不理，当作没看见。

B. 课后偷偷试探学生心意。

C. 用明确的态度拒绝学生。

D. 一视同仁，平淡地处理。

第 149 题

> 韩国教师给学生的成绩普遍很高。期末考试后，陈老师发现同一个班的韩国老师给学生的成绩一半都在 95 分以上，而他给的成绩则是在 60－100 分之间。

面对这种情况，如果你是陈老师，请你给出最为合适的选择：

A. 给这么多高分不合理也不切实际。

B. 自己是教师，有权决定怎么给分。

C. 成绩也要"入乡随俗"，因此提高学生的分数。

D. 和韩国教师沟通，希望他可以调低学生分数。

第 150 题

> 赵老师在美国高中教中文。一次，赵老师上课前 10 分钟发现教室有问题，需要马上跟教务主任协调，可教务主任正和一位学生谈话。

面对这种情况，如果你是赵老师，请你给出最为合适的选择：

A. 教学比较要紧，直接过去跟教务主任说。

B. 解释自己的情况，请求先处理教室问题。

C. 还是等他们谈完话，再和教务主任商量。

D. 自己先找个空教室开始上课，之后再报告。

《国际汉语教师证书》考试

仿真模拟试卷一

注 意

一、本试卷分三部分：

    1. 基础知识 50 题

    2. 应用能力 50 题

    3. 综合素质 50 题

二、请将全部试题答案用铅笔填涂到答题卡上。

三、全部考试约 155 分钟（含 5 分钟填涂答题卡时间）。

《甘肃省志·文物志》

初 稿

〔讨论稿〕

第一部分　基础知识

第1—5题

> 王老师：同学们已经学了两个多月汉语了。今天，想请大家随便谈谈自己的体会。
> 罗　兰：(1) 刚来的时候，我不习惯北京的天气，常常感冒，现在**越来越**习惯了。
> 麦　克：我们的汉语越来越好，也觉得越学越有意思了。
> 玛　丽：(2) 我们的朋友越来越多了。
> 麦　克：朋友越多越好，(3) "在家靠父母，出门靠朋友"嘛。
> 罗　兰：我觉得人们的生活一天比一天丰富，年轻人越来越会打扮了。
> 玛　丽：圣诞节和新年快到了，我看到不少商店都摆着圣诞树，装饰得非常漂亮。
> 麦　克：老师，(4) 我听说很多中国人也开始过圣诞节了，是吗？
> 王老师：一般家庭是不过圣诞节的。有些人过圣诞节，可能是喜欢圣诞节那种欢乐祥和的气氛。孩子们能从爸爸妈妈那儿得到一些礼物，当然也很高兴。不过，中国最大的节日还是春节。

1. 关于"越来越"的意义和用法，正确的是：（　）
   A. "越来越"表示程度随情况的发展而变化
   B. "越来越"后面的谓语可由心理动词充当
   C. "越来越"可以放在主语的前面
   D. "越来越"的后面可以使用其他程度副词

2. 关于句（1）中"刚"的说法正确的是：（　）
   A. "刚"指说话很久以前的时间
   B. "刚"在句中能作状语、定语、主语
   C. "刚"可以用来单独回答问题
   D. "刚"可以表示恰好达到某种程度

3. 下列句中的"了"与句（2）中的"了"意义一致的是：（　）
   A. 老王离开了上海没有？
   B. 钱先生不去广州了。
   C. 我下了课就去找他。
   D. 上星期我读了一本好书。

4. 句（3）中的语气词"嘛"表达的是：（　）
   A. 陈述语气　　　　　　　　B. 疑问语气
   C. 感叹语气　　　　　　　　D. 祈使语气

5. 句（4）是哪种类型的疑问句？（ ）
   A. 是非问   B. 特指问
   C. 正反问   D. 选择问

第 6—11 题

> 下列是来自中国汉字听写大会的词语。
>
> 间歇　蚩尤
> 鱼鳍　窈窕

6. 下列哪个词中"间"的读音与"间歇"的"间"一致？（ ）
   A. 间不容发   B. 亲密无间
   C. 俯仰之间   D. 伯仲之间

7. 按照正确的笔顺，汉字"歇"的第 9 个笔画的名称是：（ ）
   A. 撇   B. 点
   C. 竖折   D. 横撇

8. 对汉字"蚩"的声母发音描述正确的是：（ ）
   A. 舌尖后、送气、清、塞擦音
   B. 舌尖后、不送气、清、塞擦音
   C. 舌尖前、送气、清、塞擦音
   D. 舌尖前、不送气、清、塞擦音

9. 从汉字的造字法来看，"鱼"和"鳍"分别属于：（ ）
   A. 象形字；会意字   B. 象形字；形声字
   C. 指事字；形声字   D. 指事字；会意字

10. 下列哪个词与"窈窕"属于同一类型的联绵词？（ ）
    A. 崎岖   B. 囫囵
    C. 鸳鸯   D. 蹉跎

11. 田字格中的汉字"窕"是用了哪种印刷体？（ ）
    A. 宋体   B. 仿宋体
    C. 楷体   D. 黑体

第 12－17 题

> （大山遇到了不少倒霉事）
>
> 大　山：真倒霉！
>
> 爱德华：怎么了？
>
> 大　山：咳，别提了，(1) <u>我的钱包让小偷偷走了</u>。
>
> 爱德华：丢了多少钱？
>
> 大　山：钱不多，(2) <u>才几十块钱</u>。我最近遇到好几件倒霉事了。
>
> 爱德华：都遇到什么倒霉事了？
>
> 大　山：我刚买了一辆自行车，就叫人骑走了，到现在也没送回来。
>
> 爱德华：你还等着给你送回来呀？
>
> 大　山：(3) <u>上星期跟朋友一起去长城</u>，出发时天气好好的，没想到，刚到就下雨了。我们又没带伞，(4) <u>个个都淋得像落汤鸡似的</u>。前天我坐出租车要去"首都剧场"，(5) <u>差点儿被司机拉到"首都机场"</u>。他说我的音发得不准，把"剧场"说成"机场"了。你说可气不可气？
>
> 爱德华：怎么倒霉的事都让你碰上了？

12. 下列哪一个被动句和句（1）属于同一类型？（　）

　　A. 他被推了出去。

　　B. 我的愿望终于实现了。

　　C. 家乡的图书馆也建起来了。

　　D. 盆里的衣服只洗了一半。

13. 下列加点字与句（2）中的"才"表达的意义相近的是：（　）

　　A. 我姐姐 38 岁才结婚。

　　B. 你都跑五圈了，不歇会儿吗？

　　C. 别忙活了，我就吃一碗。

　　D. 他才不愿意和我们逛街呢！

14. 下列句中的"跟"与句（3）中的"跟"词性、语义都一致的是：（　）

　　A. 她昨天跟我说了这件事。

　　B. 请你不要再跟着我了。

　　C. 现在我跟爸妈住在南京。

　　D. 他的作品跟城市发展有关。

15. 句（4）中的"似的"属于哪类词？（　）

　　A. 形容词　　　　　　　B. 副词

　　C. 语气词　　　　　　　D. 助词

16. 在给学生解释"差点儿"时，老师给出的例句中哪个可以用"差点儿没"替换但意义不变？（　　）

    A. 刚才他差点儿滑倒了。

    B. 他考了59分，差点儿及格了。

    C. 李娜差点儿赶上火车了。

    D. 我差点儿考上名牌大学了。

17. 大山同学把"剧场"说成了"机场"是犯了怎样的语音错误？（　　）

    A. 把开口呼韵母发成了合口呼韵母

    B. 把撮口呼韵母发成了齐齿呼韵母

    C. 把齐齿呼韵母发成了开口呼韵母

    D. 把合口呼韵母发成了撮口呼韵母

第18—22题

> 亲爱的老师：
>
> 　　你好！
>
> 　　今年暑假，我和几个同学来中国旅行。（1）我们游览了许多名胜古迹，很有意思！
>
> 　　在北京，我们参观了天安门广场，还游览了故宫和颐和园。那里的宫殿都很有中国古代建筑的特色。
>
> 　　后来，我们又到了重庆。重庆是长江上游的一座山城，（2）不但风景优美，而且在经济上占有重要的地位。从重庆上船，顺流而下，第二天早上就进入了长江三峡。三峡两岸的山峰很陡，江面又窄又曲折，水流得很急，船也走得很快。这时候，我想起了您教过我们的两句唐诗："（3）两岸猿声啼不住，轻舟已过万重山。"
>
> 　　离开重庆后，我们去了苏州。苏州是有名的"园林之城"，那里的园林小巧别致。纽约市博物馆的"明轩"，（4）就是按照苏州的一个园林建造的。
>
> 　　这次，我亲眼看到中国各方面的情况，进一步了解了中国，提高了研究中国文化的兴趣。对您在这方面的教导，我表示衷心的感谢。
>
> 　　　　　　　　　　　　　　　　　　您的学生　琳达
>
> 　　　　　　　　　　　　　　　　　　2016年11月7日

18. 下列与句（1）中"名胜古迹"的构词法一致的词语是：（　　）

    A. 镜花水月

    B. 青红皂白

    C. 龙飞凤舞

    D. 顾名思义

19. 句（2）属于哪种复句类型？（   ）

    A. 连贯复句

    B. 并列复句

    C. 让步复句

    D. 递进复句

20. 句（2）中的"在……上"表示的意义是：（   ）

    A. 表示处所

    B. 表示方面

    C. 表示过程

    D. 表示条件

21. 句（3）的汉语拼音标注正确的是：（   ）

    A. liǎng'àn yuánshēng tíbúzhù

    B. Liǎngàn yuán shēng tíbúzhù

    C. Liǎng'àn yuánshēng tíbuzhù

    D. liǎngàn yuánshēng tí bùzhù

22. 关于"按照"和"根据"的说法正确的是：（   ）

    A. "按照"可与单音节或双音节词搭配

    B. "根据"表示动作行为遵从某一标准

    C. "按照"表示结论的前提或言行的基础

    D. "根据"既可以作介词，也可以作名词

第 23—28 题

清晨，(23) 市郊区的一个大蔬菜市场上摆满了各种各样的新鲜蔬菜。西红柿又大又红，黄瓜又嫩又绿。这时，一位老人走了进来。他提着菜篮子走过来走过去，虽然那些蔬菜都很新鲜，他却一点儿也不感兴趣，谁也不知道他到底想买什么菜。忽然，他在一个小摊儿前停了下来，问道："这菜是你的？"

卖菜的是个农民，样子很老实，说："这菜可新鲜了，您买点儿？"

老人拿起一棵菜来，看了又看，说："(24) 你的菜虫子咬过？"

农民看着菜叶上的窟窿，不好意思地笑了笑，说：(25) "菜叶上是有窟窿，可价钱便宜呀。"

"好，给我来五斤。"老人很干脆地说。

"有虫子不要紧，用水一冲就掉。"

老人笑了，幽默地说："就是冲不掉也没关系。如果上面有农药或受过污染，可就糟了。真得感谢虫子，它替我检查了。"

(26) 老人一买完菜，就走出市场去了。

请选出文中画线句子所对应的句型，在 A—E 中进行选择，其中有一个多余选项。

23. _____
24. _____
25. _____
26. _____

A. 被动句
B. 存现句
C. 主谓谓语句
D. 转折复句
E. 连贯复句

27. 下列哪句中的"下来"与文中加点字的"下来"意义和用法相近？（ ）
　　A. 我们把优良传统继承了下来。
　　B. 那么长的诗他都背下来了。
　　C. 干了大半辈子终于歇下来了。
　　D. 他从本子上撕下来一张纸。

28. 文中加点字"冲不掉"属于哪种补语类型？（ ）
　　A. 结果补语　　　　　　　B. 趋向补语
　　C. 情态补语　　　　　　　D. 可能补语

第 29－34 题

请指出下列短语或句子所对应的歧义类型，在 A－G 中进行选择，其中有一个多余选项。

29. 出口商品
30. 我去上课。
31. 麦克要煎饼。
32. 自行车没有锁。
33. 一个学生的建议
34. 这个人谁都不认识。

29. _____
30. _____
31. _____
32. _____
33. _____
34. _____

A. 词类不同
B. 词的多义性
C. 词和短语同形
D. 同音词
E. 语义角色不同
F. 结构关系不同
G. 结构层次不同

第 35－39 题

请选出下列表述所对应的语言学术语，在 A－J 中选择，其中有 5 个多余选项。

35. 一个人出生后首先接触并获得的语言。
36. 在一定的语言环境中恰当地使用语言的能力。
37. 在自然的语言环境中，通过旨在沟通意义的语言交际活动，不知不觉地获得语言的方式。
38. 第二语言学习者在学习过程中由于对目的语规则掌握不全面或因错误推断造成的偏误。
39. 学习者通过计划、监控和评估等方式对自己的认知过程进行反思和研究。

35. _____
36. _____
37. _____
38. _____
39. _____

A. 母语　　　　B. 第一语言
C. 交际能力　　D. 语言能力
E. 学习　　　　F. 习得
G. 语际偏误　　H. 语内偏误
I. 元认知策略　J. 认知策略

第 40—44 题

20世纪60年代末到70年代初,人们把研究重点放在了学习者的语言本身,集中对学习者所产生的语言错误进行分析研究。

偏误分析的具体步骤:

搜集供分析的语料 → 鉴别偏误:区分偏误/失误 → 对偏误进行分类 → 解释偏误产生的原因 → 评估偏误的严重程度

根据中介语的发展过程,把偏误分成三类:

前系统偏误
系统偏误
后系统偏误

40. 材料中展示的有关偏误分析的理论是由_____提出的。( )
   A. 弗赖斯　　　　　　　　B. 拉多
   C. 科德　　　　　　　　　D. 卡纳尔

41. 下列关于"偏误"和"失误"的说法,正确的是:( )
   A. 失误是系统的且有规律可循
   B. 偏误能反映说话者的语言能力
   C. 失误是由于目的语掌握不好而产生的
   D. 学习者一般能自己察觉并纠正偏误

42. 偏误分析的心理学基础是:( )
   A. 格式塔心理学　　　　　B. 行为主义心理学
   C. 认知主义心理学　　　　D. 人本主义心理学

43. 偏误的来源是多方面的,下列哪一种偏误来源于目的语知识的负迁移?( )
   A. "她唱歌很好和他跳舞也很好。"
   B. "她到学校了,她穿了新衣服。"
   C. "张,我的作业已经交给你了。"
   D. "他做练习做得很马马虎虎。"

44. 下列关于"系统偏误"的说法正确的是：（ ）

　　A. 学习者能够自己改正偏误

　　B. 系统偏误主要来自于母语负迁移

　　C. 学习者能对偏误产生的原因作出一些解释、说明

　　D. 出现在学习者学习和理解、但尚未掌握目的语规则的摸索阶段

第 45－50 题

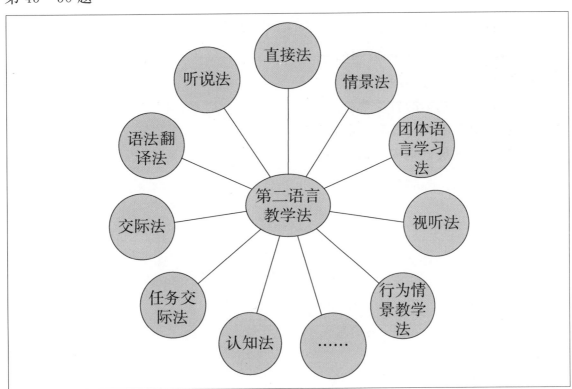

45. 第二语言教学史上最古老的教学法是：（ ）

　　A. 直接法　　　　　　　　　B. 听说法

　　C. 语法翻译法　　　　　　　D. 认知法

46. 下列哪种第二语言教学法强调先听说后读写？（ ）

　　A. 情景法　　　　　　　　　B. 自觉对比法

　　C. 认知法　　　　　　　　　D. 语法翻译法

47. 通过阅读和讨论故事让学生熟悉语法结构，并培养学生自主学习和会话交际等能力的第二语言教学法是：（ ）

　　A. 任务交际法　　　　　　　B. 情景法

　　C. 视听法　　　　　　　　　D. 行为情景教学法

48. 下列关于听说法的描述正确的是：（ ）
    A. 强调母语和目的语的结构对比
    B. 重视对现代化教学手段的应用
    C. 语言学基础是转换生成语法理论
    D. 肯定了人的认知能力的能动作用

49. 团体语言学习法将_____视为语言学习中的决定性因素。（ ）
    A. 情感   B. 智力
    C. 语言学能   D. 学习策略

50. 下列**不属于**交际法教学原则的是：（ ）
    A. 以功能和意念为纲编写教材
    B. 以句子为基本的教学单位
    C. 强调语言的得体性和流利性
    D. 按话题螺旋式地安排语言材料

第二部分　应用能力

第51—56题

> 赵老师是国内某高校的国际汉语教师。他发现外国留学生在学习汉语语音时不可避免地会出现各种各样的问题。为了采取更为有效的方法进行语音教学，赵老师将语音教学中发现的问题整理在教学日志中：
> 1. 发音问题中的共性
> 声母中的送气音（p、t、k）
> 声母中的舌尖前音（z、c、s）和舌尖后音（zh、ch、sh）
> 声母中的舌面前音（j、q、x）
> 声母 l 和 r
> 韵母中的前后鼻韵母 -n 和 -ng
> 声调（四声的轻声）
> ……
> 2. 发音问题中的个性
> 日本、东南亚、拉美、东欧的学生常把送气音发成不送气音。
> 韩国、日本、印尼的学生容易把"l"和"r"这两个声母相混。
> 日本学生常把 f 音和 h 音混淆。
> 日本、英国、法国、德国学生常把 zh、ch、sh 发成 j、q、x。
> 韩国学生常把 zh、ch、sh 发成 z、c、s。
> ……

51. 为了纠正学生将"l"发成"r"的问题，赵老师要求学生发"l"时，舌尖尽量用力顶住上齿龈，并拖长一段时间再发音，如 l-la，这是运用了哪种语音教学方法？（　）

    A. 带音法

    B. 夸张法

    C. 对比法

    D. 描述法

52. 为了帮助学生将第二声升上去，赵老师可以采取哪种声调搭配方式？（　）

    A. 第一声和第二声搭配

    B. 第二声和第二声搭配

    C. 第三声和第二声搭配

    D. 第四声和第二声搭配

53. 针对韩国学生学习声母 f 时常出现的问题，赵老师应该选择哪类词语组合进行强化练习？（　　）

    A. píngfán

    B. huīfù

    C. zhēngfú

    D. dìfāng

54. 赵老师为了说明轻声具有区分词义的作用，可以选择下列哪个词语进行展示和操练？（　　）

    A. 好得很

    B. 去不去

    C. 对头

    D. 糊弄

55. 根据由易到难的语音教学原则，赵老师如何安排教学顺序较为合理？（　　）

    A. ch→zh→sh

    B. ai→an→ang

    C. u→ü→i

    D. u→uo→ua

56. 在语音教学阶段，赵老师给学生纠正发音时**不恰当**的做法是：（　　）

    A. 要先重复学生错误的发音，再示范正确读音，对比鲜明

    B. 抓住学生的普遍难点和个别学生的特殊难点，对症下药

    C. 对于重点的语音错误，应在不同时间和场合多次纠正

    D. 当学生出现语音错误时，尽量先引导学生进行自我纠正

第 57—61 题

王老师正在教汉语初级听力课程，她是按照如下思路组织安排其听力课的。

教学阶段	活动类型	主要方法
听前练习	探讨性活动	列举式、交流式、说明式
	预备性活动	听句子挑生词、听写或填空、听上句选下句……
听时练习	概括性活动	分析文章结构、寻找主题句
	专项性活动	记忆、记录和计算，理解和判断，区分异同
	语言类活动	主要包括字、词、句的操练
听后练习	延续性活动	对本专题内容进一步延伸
	语言类活动	引导式、总结式、留作业

57. 王老师要求学生在听录音的同时，及时写下听到的人名、地名、时间、数字等方面的信息，这属于哪种听力技能训练方式？（　　）
    A. 听说训练　　　　　　　　B. 听写训练
    C. 听记训练　　　　　　　　D. 听辨训练

58. 专项性活动可以重点锻炼学生的哪项能力？（　　）
    A. 把握细节的能力　　　　　B. 抽取主旨的能力
    C. 跳跃障碍的能力　　　　　D. 复述和概括能力

59. 王老师准备在听时练习中多设置一些理解性练习。下列哪项练习属于该类型？（　　）
    A. 填空练习　　　　　　　　B. 替换练习
    C. 听句子做动作　　　　　　D. 听写练习

60. 王老师如果要自己准备听力选择题，在设置题目时需要注意：（　　）
    A. 选项与选项之间的难度要相差大一些
    B. 尽量多设置一些从反面提问的题目
    C. 选项要有迷惑性，尽量使用虚设的选项
    D. 选项中共同的语言成分要集中在题干上

61. 如果在听力练习中，有个别学生没有听懂，王老师正确的处理方式是：（　　）
    A. 只要保证大部分同学听懂就行，个别学生的问题可以忽略
    B. 只要班里有一个学生没听懂，就必须在课堂上给他讲清楚
    C. 由于课堂时间有限，所以个别学生的问题就留待课后解决
    D. 如果个别学生的问题具有代表性，就应及时在课堂上解决

第 62－66 题

请给下列汉字的字义选择最合适的教学方法，从 A－F 中进行选择，其中有一个多余选项。

62. "桌"
63. "日"
64. "舫"
65. "抛"
66. "安"

A. 结合动作
B. 依据实物
C. 俗字源
D. 结合形旁和声旁
E. 依据汉字发展源流
F. 依据古文字形体

62. _____
63. _____
64. _____
65. _____
66. _____

第 67－71 题

请按照语法点的难易程度，排列初级阶段有关"着"的基本句型的教学顺序。

A. 处所主语＋动词＋着＋宾语（墙上贴着红双喜）
B. 主语＋动词$_1$＋着＋动词$_2$（＋宾语）（她们听着音乐聊天）
C. 主语＋动词＋着（大家说着、笑着……）
D. 主语＋处所状语＋动作＋着（出租车在楼前停着）
E. 主语＋动词＋着＋宾语（他拿着很多花）

67. _____
68. _____
69. _____
70. _____
71. _____

第 72－75 题

> 林老师正在教高年级的汉语口语课。为了提高学生的口语表达能力，林老师准备在下周开展一次辩论赛活动，并提前一周告诉学生辩论题目，同时进行了一些语言项目的练习。
>
> ◆ 辩论赛主题：生活中钱是不是最重要的？
>
>   正方观点：钱是最重要的
>
>   反方观点：钱不是最重要的
>
> ◆ 语言点练习：
>
> | 辩论常用句型 | 与论题有关的词汇、短语 |
> |---|---|
> | 我认为…… | 财富 |
> | 我不同意这种说法…… | 物质与精神 |
> | 与其说……不如说…… | 拜金主义 |
> | 即使……也…… | 有钱能使鬼推磨 |
> | 宁可……也…… | 书中自有黄金屋 |
> | 无论……都…… | 君子爱财，取之有道 |
>
> ◆ 辩论赛准备阶段
>
>   学生分组：全班分成两个方阵，即正方和反方，每个人都要参加和准备。
>
>   学生准备：支持论点的论据，包括书面材料、图片、新闻报道等等。
>
> ◆ 辩论赛实施阶段
>
>   辩论赛开始后，正反方轮流发言。教师掌握辩论流程，请正方一名同学陈述完观点后，再请反方一同学陈述观点，轮流交替发言。
>
> ◆ 辩论赛结束阶段
>
>   辩论结束后，教师不但要对论点进行总结，还要对所用到的语言知识点进行总结，表扬和鼓励勇于发言的同学，布置学生写一篇关于该主题的小文章。

72. 林老师在选择辩论赛主题时，**不必**将哪项因素纳入考虑范围？（　　）

    A. 学生的家庭情况

    B. 学生的年龄情况

    C. 学生的语言水平

    D. 学生的生活经验

73. 根据辩论赛的活动形式，林老师可以怎样摆放教室中的桌椅？（　　）

    A. 分组围坐

    B. 通道排列

    C. 腾出讲台

    D. 自由组合

74. 如果班上有一位学生因汉语水平低而不愿意参加辩论赛,林老师应该采取哪种解决办法?( )

    A. 尽量减少他参与此类活动的次数,避免使他尴尬

    B. 把他和汉语水平高的学生分到一组共同完成任务

    C. 发现他的兴趣所在,试着让他说说自己熟悉的内容

    D. 根据他的汉语水平现状,设计一些课堂活动模式

75. 除了辩论赛,林老师还可以组织哪种活动来促进高年级学生的成段表达能力?( )

    A. 猜词游戏

    B. 话剧表演

    C. 传话游戏

    D. 给情景造句

第76—81题

请从 A—F 中选出下列情况所对应的难度等级。

76. 汉语和英语都有被动句,但汉语除了"被""叫""让"等有标记的被动句外,还有大量无标记被动句。
77. 英语动词 visit,与汉语中"参观""访问""看望"这三个动词相对应,并且各与不同的宾语组合。
78. 英语和汉语都是"动词+宾语"的语序。
79. 汉语语音中没有英语语音中的 [θ] 和 [ð]。
80. 汉语语法中有"把"字句及多种补语,而英语语法中没有。
81. 英语中的单数的第三人称 he 和 she 在汉语读音中没有区别,都读 tā。

76. _____
77. _____
78. _____
79. _____
80. _____
81. _____

A. 零级
B. 一级
C. 二级
D. 三级
E. 四级
F. 五级

第82—85题

刘老师会定期给学生做语法小结，帮助他们温故知新。他在课堂上总结汉语中常用量词的特点时，告诉同学们："条"一般用于细长的物体，"张"则多用于扁平的物体，"根"多用于圆柱形、长的物体，"颗"多用于小的圆的物体，而"一方手帕"的说法是因为手帕是正方形的，"很小的希望"可以说"一丝"，是借用"丝线细小"这一具体的形象来比喻抽象的概念……所以使用量词要注意对象的形状。另外，量词还可以活用，比如名词"杯""碗"可以借用作量词，如"一杯茶""一碗饭"等等。

刘老师这么归类总结的目的本来是想让同学们更好地记忆，正确地使用量词。可是，经他这么一解释，班上有的学生反倒产生疑问了。

山本说："老师，可是狗不是细长的，为什么除了'一只狗'，还可以说'一条狗'？"

爱丽说："对呀，我还见到有人用'一条牛'，牛更壮，怎么会是一'条'呢？"

詹姆士说："我觉得用'条'没问题，动物身体都算是长的。可是你们知道吗？我真的在路上见到过'一张小狗'呢！"

别的同学听了哈哈大笑，都认为一"张"狗肯定是不对的。可是詹姆士坚持自己的意见，一本正经地告诉大家：当时小狗在马路中间，被车撞（碾）过，看起来真的是扁平的。再说，老师不是说，量词可以活用吗，为什么不能说"一张小狗"呢？

这时李成俊也来凑热闹："对，我们口语老师说过，特别饿的时候可以说'我饿成一张照片了'，那也不是人真的饿成扁平了呀！"

82. 上述材料最有可能发生在什么教学背景下？（ ）

   A. 高级汉语水平，汉语综合课
   B. 中级汉语水平，汉语综合课
   C. 高级汉语水平，汉语阅读课
   D. 中级汉语水平，汉语阅读课

83. "把""条"等量词是汉语特有的，下列哪项**不是**汉语语法的特点？（ ）

   A. 词序和语序影响语法意义
   B. 修饰成分的位置比较固定
   C. 狭义形态多
   D. 有一些特殊的动词结构

> 学生：我在路上看到了一张小狗。
> 老师：我在路上看到了一条小狗。

84. 上面这段对话属于第二语言习得理论中哪种类型的更正性反馈？（ ）
    A. 重复　　　　　　　　　　B. 要求澄清
    C. 提供元语言知识　　　　　D. 重铸

85. 在学生出现"一张小狗"这样的偏误的时候，老师最好应该采取什么样的策略？（ ）
    A. 直接指正错误，进行纠正并讲解语法点区别
    B. 顺着学生思维稍加改动："小狗被碾得像一张照片一样"
    C. 请别的同学尝试进行纠正
    D. 以提问诱导他自己改正

第 86－90 题

> 保罗：妮娜，今天太冷了，你看今天的天气预报了吗？
> 妮娜：看了，最低温度只有零下 10 度，最高温度也只有零下 4 度。
> 保罗：现在你家乡的天气比这儿温暖还是比这儿还要冷？
> 妮娜：我们国家俄罗斯比这儿更冷。你的家乡呢？
> 保罗：我们国家在热带，所以没有这么冷，最低温度是 18 度。
> 妮娜：那夏天呢？
> 保罗：夏天比这里热一点儿，会达到 40 度。
> 妮娜：比我们国家热多了，俄罗斯夏天最热的地方最高气温才 30 度。
> 保罗：那么夏天的时候我可以去你们国家旅行。
> 妮娜：俄罗斯欢迎你。

86. 本课需要重点讲解的语法点是：（ ）
    A. "了"的用法　　　　　　B. 比较句
    C. 疑问句的用法　　　　　D. 数字的表达

87. 下面哪句话是英语国家留学生受母语负迁移影响而说出的句子？（ ）
    A. 他是高比我。
    B. 夏天比这儿很热。
    C. 比这儿一点儿热。
    D. 比这儿有点儿热。

88. 对外汉语教学课堂的教学目标，包括语言知识、语言技能、策略和（ ）
    A. 文化知识　　　　　　　　B. 交际知识
    C. 情感意识　　　　　　　　D. 文化意识

89. 适合本篇课文主要语法点的教学法是：（ ）

    A. 以旧带新法

    B. 对比法

    C. 情景法

    D. 生成式教学

90. 最适合本课语法点的练习方式是：（ ）

    A. 交际性练习

    B. 记忆性练习

    C. 重复性练习

    D. 机械性练习

第91—93题

> 国际汉语推广的"三教"问题中，作为教材、教法的创新者和实践者，教师才是核心、关键。教师对课堂起主导作用，对课堂影响远远超过其他两个因素。教师的职业道德、专业素质直接影响着国际汉语课堂的质量。国际汉语事业的蓬勃发展，也对国际汉语教师提出了更高的要求。国际汉语教师应该通过学习和反思，进行自我教育，努力成为一名合格的中国语言和文化传播的使者。

91. 国际汉语教师的职业价值有其自身特点，其中，他们的社会价值体现在：（ ）

    A. 在教学活动中发现问题，为本领域研究提供课堂案例

    B. 帮助不同国家和种族的人学习汉语，增强各国对中国的了解

    C. 把自身职业当作对社会的一种奉献

    D. 促进国际汉语专业的学术发展和国际汉语教师的专业发展

92. 汉语教师专业发展的途径和方法有很多，下列哪项**不适合**汉语教师的专业发展？（ ）

    A. 重教学，轻科研

    B. 学习专业理论和方法

    C. 制订专业发展规划

    D. 积极进行教学反思

93. 国际汉语教师要能进行教育研究，研究方法是定性研究和定量研究，其中定性研究的缺点是：（ ）

    A. 调查对象是人时，只能获得表层的、机械的和不完整的结论

    B. 研究人员任何时候都要保持客观态度

    C. 要受严格的操作规则和实践规则的约束

    D. 主观成分较多，具有不确定性

第 94—100 题

> 我国的古代教育起源很早，可以上溯到原始社会。那时的人们主要从事渔猎和农耕等生产活动，原始状态的教育就融在这些生产实践之中，教育内容也只是传授如何使用工具以及其他生产经验。

94. 西周时期，学校分为哪两种？（　）
   A. 国学和乡学　　　　　　　B. 大学和小学
   C. 辟雍和泮宫　　　　　　　D. 上庠和东序

95. 古代，需要精通"六艺"才能被称为"君子"，"六艺"是指：（　）
   A. 诗、书、礼、乐、易、春秋
   B. 德、行、艺、仪、射、御
   C. 礼、乐、射、御、书、数
   D. 言、德、政、文、艺、仪

96. 殷墟甲骨文里记载了庠、序、学、瞽宗等学校的名称，下列关于殷商时期学校叙述**错误**的是：（　）
   A. "庠""序"教育的是平民子弟
   B. "学"教育的是贵族子弟
   C. "瞽宗"是学习祭礼的学校，"瞽"是盲人
   D. 由于所处的地理位置，"庠"又称为"上庠"，"序"又称为"东序"

97. 书院是我国封建教育的一种特殊形式，宋初有六大书院，其中"白鹿洞书院"在什么地方？（　）
   A. 长沙　　　　　　　　　　B. 庐山
   C. 嵩山　　　　　　　　　　D. 尤溪

98. 中国历史上第一所正式的太学是在什么时候设立的？（　）
   A. 汉文帝　　　　　　　　　B. 汉武帝
   C. 汉灵帝　　　　　　　　　D. 汉平帝

99. 到清代，国子监成为国家唯一的最高学府，入国子监学习的人叫作"监生"，关于"监生"，下列说法正确的是：（　）
   A. 明清时代的监生对于出身有一定的限制
   B. 在京会试落第的举人，由翰林院择优选送入监就读的叫作"贡监"
   C. 从各地方学校中选拔入监就读的叫"举监"
   D. 监生中还有"夷生"，是指外国留学生

100. "国子监"的最高领导人是：（　）
   A. 祭酒　　　B. 司业　　　C. 监丞　　　D. 博士

第三部分 综合素质

本部分为情境判断题，共50题。

第101—135题，每组题目由情境及随后的若干条与情境相关的陈述构成。每条陈述都是对情境的一种反应，包括行为、判断、观点或感受等。请先阅读情境，然后根据你对情境的理解，判断你对每条陈述的认同程度，并在答题卡上填涂相应的字母，每个字母代表不同的认同程度。说明如下：

A	B	C	D	E
非常不认同	比较不认同	不确定	比较认同	非常认同

例题：

> 杨老师刚到悉尼的一家孔子学院工作，她的学生都是六七岁的小朋友。在同事的帮助和指导下，杨老师备好了前几堂课。第一次课的内容是向学生们介绍中国的国旗、国徽和国歌。当她在课上播放完《义勇军进行曲》之后，小朋友们都觉得这首歌非常"cool"和"powerful"，要求杨老师教他们唱，这让杨老师十分意外。

面对这种情况，如果你是杨老师，请你给出对下列陈述的认同程度：

1. 答应学生的要求会打乱自己的教学安排，而且作为新老师，开展事先没有准备的教学活动可能会力不从心。
2. 难得学生表现出了对课堂内容的强烈兴趣，应满足他们的要求，并利用这个机会，更深入地介绍中国的国旗、国徽和国歌。
3. 告诉学生之后的课会安排教唱中国国歌，课后向有经验的同事或者领导请教，听取他们的建议。
4. 给学生发放音频资料，让学生利用课余时间自行学习，这样既不打乱教学安排，又能满足他们的要求。

作答示例：若你对第1题的陈述比较不认同，则选择B；若对第2题的陈述比较认同，则选择D；若对第3题陈述非常不认同，则选择A；若对第4题陈述的认同程度介于"比较不认同"和"比较认同"之间，则选择C。各题之间互不影响。

第 101—105 题

> 邵老师在匈牙利的一所孔子学院教授高级汉语课。一次,邵老师给学生播放了一段关于中国文化的视频短片,其中涉及到中国的传统服饰。班里的 Belle 同学对旗袍很感兴趣,她很想知道"旗袍"这个名称的来历,便向邵老师请教。但邵老师对此也不是很了解,一时不知道如何解释,课堂气氛有些尴尬。

面对这种情况,如果你是邵老师,请你给出对下列陈述的认同程度:

101. 汉语老师不可能对所有文化知识都有很全面的了解,所以回答不出学生的问题也很正常。
102. 无法在课堂上为学生解答疑惑,学生可能会对我的能力产生质疑。
103. 建议学生自己课下查阅资料,下节课和大家一起分享交流,从而增强学生学习的自主性和积极性。
104. 汉语老师应该在课后加强中华文化常识的学习,只有自己有充足的文化背景知识,才能更好地介绍给学生。
105. 学生思维比较活跃,应该鼓励其他学生像 Belle 一样积极思考问题。

第 106—110 题

> 秦老师在国内一所高校担任汉语教师。她在一节汉语课上讲到中国的四大发明之一活字印刷术,有个韩国学生马上说韩国也有活字印刷术。秦老师解释说,这是韩国在历史上借鉴中国的结果。没想到这位韩国学生表示强烈反对,坚持认为活字印刷术是韩国的。他还给秦老师看韩国在索契冬奥会上的宣传片,其中就有活字印刷的镜头。

面对这种情况,如果你是秦老师,请你给出对下列陈述的认同程度:

106. 该生不承认历史事实,在课堂上故意找茬儿。
107. 据理力争,坚持原则,证明活字印刷术是中国的发明。
108. 这位韩国学生对中国文化产生了误解,作为教师有责任澄清事实,但要注意方法策略。
109. 可以引导学生对比韩国的活字印刷术和中国的有何异同。
110. 在课上不要与学生争论孰是孰非,只要将具体事实摆出来,让学生自己分辨就可以了。

第 111—120 题

> 小杨被派到美国中阿肯色大学的孔子学院担任汉语教师。但由于宿舍离学校很远，她每天步行半小时到公交车站，再坐一小时公交车到学校，一天下来花在路上的时间至少要两三个小时。这种状况一直持续了两个多月，小杨感到非常疲惫，上课也没有精神。

面对这种情况，如果你是小杨，请你给出对下列陈述的认同程度：

111. 中美在社会现实和生活方式上有很大差异，不适应当地的交通情况也很正常。
112. 这个状况目前无法改变，只能学着慢慢适应。
113. 可以和同事沟通交流，听听他们的建议或许对解决问题有帮助。
114. 学校给老师的住宿安排很不合理，没有考虑到老师的交通问题，不近人情。
115. 向学校领导反映问题，希望他们能把我的宿舍调到离学校近一点的地方。

> 小杨还觉得她的美国邻居并不好相处。由于附近没有中餐馆，小杨就在住所内自己炒菜吃，却受到了邻居的举报，说炒菜的油烟严重影响了他们。另外，她习惯把衣服晾在屋外，没想到邻居们对此也大为不满。小杨从小就在上海的弄堂里生活，邻里关系非常和谐，所以对美国的邻里相处方式感到不适应。

面对这种情况，如果你是小杨，请你给出对下列陈述的认同程度：

116. 美国人处理人际关系时不像中国人那样有人情味。
117. 美国人不喜欢在屋外晾晒衣物，是为了保护隐私。
118. 美国人做菜几乎没有油烟，应该理解他们的生活习惯。
119. 坚持自己的生活方式，美国邻居只是爱管闲事，可以不用理睬。
120. 应该多去邻居家串门，和他们多沟通交流也许能拉近关系。

第121—130题

> 徐老师在法国布列塔尼孔院担任汉语教师。学生们对中国文化都比较感兴趣,但在学到"卧冰求鲤"的故事时,非常不理解为什么不用工具凿开冰块,而要用身体去融化。他们认为这样的行为不是孝敬父母,而是不爱惜自己的身体,不知道为什么这样的故事会得到中国人的认可和推崇。

面对这种情况,如果你是徐老师,请你给出对下列陈述的认同程度:

121. 尝试从学生所在国的文化背景出发,重新思考"卧冰求鲤"故事的合理性。
122. 学生之所以会有这样的疑问,是没有理解中国文化中的"孝道",应该及时纠正他们的想法。
123. 中国有很多故事都经不起推敲,以后汉语课上应尽量避免涉及此类故事。
124. 这个问题没有对错之分,应该引导学生积极思考这两种方式的不同之处及其背后的原因。
125. 西方学生重事理逻辑,而中国人重道德情感,所以产生了文化冲突。

> 在另一次汉语课上,徐老师给大家展示了一幅中国地图。在介绍中国省份的时候,Alain同学站起来说:"我有个西藏朋友说他不是中国人,所以这个中国地图是不是有问题?"一说起西藏问题,另一个学生Jeff也紧接着提问:"老师,我听说西藏人没有宗教信仰的自由,对吗?"徐老师面对学生突如其来的问题有些招架不住,一时不知如何处理。

面对这种情况,如果你是徐老师,请你给出对下列陈述的认同程度:

126. 这些学生对中国的政治理解有偏差,还故意在课堂上挑衅,行为恶劣。
127. 引导学生换位思考,让他们意识到自己国家也有类似的内政问题。
128. 这是中国的敏感问题,应该马上转移话题,尽量避免学生深入讨论。
129. 先保证课堂教学的正常进行,学生提出的这些问题在课后予以解答。
130. 不否认、也不回避学生提出的敏感问题,实事求是地回答学生。

第131—135题

> 韩老师在英国一所国际学校负责初级班的汉语教学,她和三位英国老师在同一个办公室工作。为了尽快融入她们的圈子,韩老师想多和同事交流交流。有一次,她和同事 Sophie 聊天时无意间说起:"我今年29岁,去年刚结婚,你呢?"Sophie 马上回答说:"韩老师,我不想回答你这个问题。"然后生气地走开了,这让韩老师很没有面子。

面对这种情况,如果你是韩老师,请你给出对下列陈述的认同程度:

131. Sophie 有权利不透露她的年龄和婚姻状况,这是她的个人隐私。
132. 询问年龄和婚姻状况很正常,这表明我和同事的关系很亲近。
133. 以后与英国同事聊天尽量不要涉及与个人私事有关的话题,否则容易引起不必要的麻烦。
134. 要多了解英国人如何处理人际关系,特别是人际交往中的禁忌。
135. 中国人和英国人的思维方式差异太大,所以融入他们的群体很困难。

第136—150题,每题由一个情境和四个与情境相关的陈述构成,每个陈述都是对这个情境的一种反应,包括行为、判断、观点或感受等。请先阅读情境,然后根据你对情境的理解,从 ABCD 四个陈述中选出你认为在此情境下最为合适的反应。

例题:

> 李敏在日本一所学校教汉语,刚到日本时,她选择与一位日本同事合租公寓。日本对垃圾分类有严格的要求,虽然李敏很注意垃圾的分类,但由于之前并没有这方面的经验,所以还是经常弄错,甚至导致邻居投诉,室友也多次因此事指责她,言语之间甚至认为李敏没有素质。

根据上述情境,如果你是李敏,请你给出最为合适的选择:

A. 无需多解释,自己努力学习如何处理垃圾,在不与室友和邻居发生冲突的情况下解决问题。
B. 主动向室友和邻居道歉,说明原委,并向室友寻求帮助,向她学习垃圾分类的方法。
C. 鉴于和室友以及邻居目前的关系不太好,还是尽快找中国同事合住,以便度过适应期。
D. 被室友和邻居误解太没面子了,须尽快从中国同事那里学习垃圾分类的技巧。

答案:B

第 136 题

> 杨老师初到丹麦某国际学校教授汉语,认识的朋友还不多。一天,她接到了所在学院院长的邀请,周末和学院其他汉语老师一起去院长家聚餐。为此,杨老师准备了一份贵重的礼物。但是,当杨老师把礼物给院长时,发现院长并不高兴,并拒绝接受这份礼物。

面对这种情况,如果你是杨老师,请你给出最为合适的选择:

A. 赠送贵重的礼物是为了表示礼貌和情谊,院长不满意是他不领情。

B. 给西方人赠送贵重的礼物会增加他们的心理负担,以后可以考虑赠送一些小礼物。

C. 给西方人赠送贵重的礼物是对他们的不尊重。

D. 西方人不像中国人那样热情好客,以后去做客要和他们保持距离。

第 137 题

> 李老师在澳洲任教期间碰到了一个很尴尬的问题。他的同事都直接称呼他的名字,而且他的学生在课堂上也从不叫他"李老师",也是直呼名字,李老师每次听到这种称呼都很不舒服。

面对这种情况,如果你是李老师,请你给出最为合适的选择:

A. 澳洲人不懂得尊重别人,不把汉语老师放在眼里。

B. 虽然他们直呼我的名字,为了表示礼貌,我还是要用"姓+老师"来称呼其他同事。

C. 澳洲人认为直呼名字会显得比较亲切,并不是失礼的表现。

D. 李老师必须让学生接受中国人的称呼方式,至少在他的汉语课上应该是这样。

第 138 题

> 常老师在国内一所高校教来华留学生汉语。有一次,一位加拿大学生艾伦和常老师说:"我觉得中国人很没有礼貌,不经常说谢谢。今天上午我帮了中国朋友一个忙,他也没说谢谢,真是奇怪!"

面对这种情况,如果你是常老师,请你给出最为合适的选择:

A. 中国人认为亲人朋友间经常说"谢谢"反而会显得关系疏远。

B. 这位留学生对中国人有偏见,大部分中国人还是经常说"谢谢"的。

C. 中国人确实不如西方人那样有礼貌,这是我们急需改进的地方。

D. 中国人比较含蓄,因此不随便向亲人朋友表达感谢。

第139题

> 金老师在英国格拉斯哥大学孔子学院担任一年级2班的汉语老师。半个学期过去了,金老师班上的几个学生反映她上的课没有意思,希望调到隔壁的1班去上课,因为1班的陈老师经常组织课堂活动,学生们都很喜欢。但学校规定,学生不能随意调换班级,金老师和学生说明学校规定后就把这事儿放一边了。没想到,这几个学生竟在第二个星期的汉语课上直接到1班上课去了。

面对这种情况,如果你是金老师,请你给出最为合适的选择:
A. 学生不遵守学校规定,擅自换班,应该严厉处罚他们。
B. 金老师和1班的陈老师是竞争关系,向陈老师请教很没有面子。
C. 每个老师都有自己的教学风格,学生应该慢慢适应,而不是抱怨。
D. 金老师应该和1班的陈老师多沟通,借鉴其成功的教学方法,以此来改进教学。

第140题

> 小吴去年被派往缅甸的一所中学担任汉语教师志愿者。他以为只要完成规定的汉语教学任务就行了,没想到学校经常会安排他做一些和汉语教学无关的工作,比如为其他科目的老师做助教、监考,以及做各种杂务。小吴感到有些力不从心,心里很郁闷。

面对这种情况,如果你是小吴,请你给出最为合适的选择:
A. 这是学校布置给我的任务,我只能认真完成,不能拒绝。
B. 学校给我安排这么多额外的任务,说明汉语教师志愿者在这里并不受重视。
C. 在出国前对自己的定位并不准确,所以需要重新审视自己在当地学校的角色和职责。
D. 直接向上级领导反映情况,让领导知道这些任务已经超出了规定的工作范围。

第141题

> 在泰国任教的林老师在课间收到了一位泰国同事的邀请,让他这周末一起去参加一个宗教活动。林老师并没有宗教信仰,但又和这位同事的关系比较好,所以他非常为难,不知道是否该接受邀请。

面对这种情况,如果你是林老师,请你给出最为合适的选择:
A. 为了避免触犯一些禁忌,最好还是不要参加当地的宗教活动。
B. 既然和这位同事的关系比较好,接受他的邀请应该没什么问题。

C. 参加宗教活动可以帮助林老师更好地了解当地的文化。
D. 既然林老师没有宗教信仰，参加宗教活动就没有必要了。

第 142 题

> 施老师在新西兰奥克兰孔院负责初级汉语教学工作。她的班上有一个学生 Malcolm 性格很内向，不善与人交际，在课上也比较沉默。每当施老师布置小组活动时，Malcolm 都不愿意参加。

面对这种情况，如果你是施老师，请你给出最为合适的选择：
A. 既然 Malcolm 不喜欢小组活动，就单独给他布置任务。
B. 尝试引导 Malcolm 和同学一起合作完成任务，激发他的参与意识。
C. 为了照顾 Malcolm 同学，施老师应尽量不要在汉语课上布置小组活动。
D. 和 Malcolm 同学说明，如果不参加小组活动就扣平时成绩。

第 143 题

> 严老师被派往阿拉伯国家的一所中学担任汉语教师。严老师认为旗袍是中国文化的体现，所以她经常穿旗袍去上课。没想到，学校里的同事和学生觉得她的穿着很怪异，甚至学校领导都找她去办公室谈话，让她不要穿旗袍来学校上课。

面对这种情况，如果你是严老师，请你给出最为合适的选择：
A. 当地人不懂得欣赏中国旗袍，所以才会觉得怪异。
B. 穿旗袍能让学生更好地感受中国文化，学校领导的要求很无理。
C. 当地人没有文化包容的心态，对别国的文化有排斥心理。
D. 严老师穿旗袍不太符合当地的风俗习惯，也是对当地文化的不尊重。

第 144 题

> 小丁去年被派往英国伦敦孔院担任汉语志愿者教师。有一次，她乘坐公交车去学校上课，中途，一位年近 80 岁的老人颤颤巍巍地走上公交车。小丁看见后立马起身给这位老人让座。但这位老人非但不感谢小丁，反而认为小丁在嘲笑她，这让小丁觉得很受委屈。

面对这种情况，如果你是小丁，请你给出最为合适的选择：
A. 在英国，是否给老人让座要看其需要，而不是因为年纪大。
B. 英国的老人有些不近人情，以后尽量少和他们接触。

C. 尊老爱幼是中华民族的传统美德，小丁给老人让座没有错。
D. 英国是一个集体主义社会，所以年轻人不必给老人让座。

第 145 题

> 张老师在给德国学生上《东郭先生和狼》这篇课文，她对学生说："这是一个寓言故事，告诉我们不能对坏人有怜悯之情。"一个叫 Jens 的学生问张老师："谁是坏人？"张老师回答："狼是坏人，因为东郭先生救了它，它反而要吃东郭先生。"不料 Jens 马上说："那人还吃猪肉、牛肉呢！那我们所有人也都是坏人吗？"全班同学都开始大笑。

面对这种情况，如果你是张老师，请你给出最为合适的选择：
A. Jens 在汉语课上故意找茬儿，扰乱课堂秩序，张老师应该批评他。
B. Jens 提出这样的问题说明还没有理解这个故事，张老师需要重新梳理课文。
C. Jens 的道德观念很弱，张老师应该引导他如何辨别是非善恶。
D. Jens 是从生物学的角度来看待这个故事的，这个观点本身没有错。

第 146 题

> 小宋在西班牙的一所国际学校负责小学五年级的汉语教学。小宋经常参加学生的课外活动，常和他们打成一片，因此，学生也都很喜欢这位年轻的老师。但有件事让小宋很苦恼，学生因为和她关系比较好，所以经常提出到室外上课的请求，比如"老师，我们去外边上课吧"或者"老师，我们去操场做游戏吧"等等。这让汉语课难以继续下去，学校领导知道后还责怪她没有管理好课堂。

面对这种情况，如果你是小宋，请你给出最为合适的选择：
A. 为了继续保持师生之间的良好关系，小宋应该顺应学生的要求。
B. 汉语课必须要在教室内进行，否则教学目标就很难完成。
C. 若学校允许，在室外上一场生动的汉语课也未尝不可，但不要影响其他人。
D. 先答应学生的请求，但当天必须要留堂补课，完成规定的教学任务。

第 147 题

> 范老师在国内一所高校担任中级汉语进修班的班主任。范老师的班上有个来自墨西哥的学生 Antonio，他的课堂表现过于积极，总是抢着回答老师提出的每个问题，对其他同学的回答他都要发表评论。而且他对什么问题都追根究底，喜欢标新立异，常和老师唱反调，以至于他一开口，别的同学都不愿回答问题了。

面对这种情况，如果你是范老师，请你给出最为合适的选择：
A. 学生就应该敢于发表自己的意见，这样才能活跃课堂。
B. 范老师可以无视 Antonio 的回答，直接提问其他同学。
C. 抓住 Antonio 回答中的语法错误，严厉批评，以此打压他的积极性。
D. 私下和 Antonio 沟通，提醒他注意课堂上的表现不要影响其他同学。

第 148 题

> 小沈在韩国担任汉语教师志愿者快一年了。在一节汉语课上，她意外地收到了她班上金勇俊同学的一束玫瑰花和一封情书，情书上很明确地表达了对小沈的爱意，这让她有些不知所措。

面对这种情况，如果你是小沈，请你给出最为合适的选择：
A. 先收下他的花，但不要对此事表态。
B. 当着全班同学的面直接拒绝他的示爱。
C. 委婉拒绝并引导学生将注意力转移到学习上。
D. 私下单独约他去咖啡馆聊聊天，和学生成为亲密的朋友也不错。

第 149 题

> 姜老师在国内一所高校担任预科班的汉语教师。让姜老师很头疼的问题是，班上的学生经常迟到，有的甚至迟到半小时以上。有一次，姜老师和一位迟到次数较多的老挝学生谈话，希望他以后准时来上课。没想到这个学生对老师的话不以为然，他说："班上又不止我一个人迟到，而且和在国内的高中时期相比，我已经改进不少了。"

面对这种情况，如果你是姜老师，请你给出最为合适的选择：
A. 必须要等学生全部到齐后才能上课。
B. 和学生家长取得联系，让他们督促学生准时上课。
C. 让迟到的学生站在教室外面以示惩罚。
D. 制定相关的课堂规则，将迟到和平时分数挂钩。

第 150 题

> 周老师在澳大利亚墨尔本孔子学院担任汉语教师。一天早上来到课堂，发现几位学生看着她笑，一个男生 Chester 直接问她："老师，你昨天晚上没回家吧？"全班同学哄堂大笑。周老师很尴尬，但仔细一想，原来今天从头到脚都穿着昨天穿过的一身来上班，所以给学生留下了夜不归宿的印象。

面对这种情况，如果你是周老师，请你给出最为合适的选择：

A. 学生爱管闲事，周老师应该提醒他们把注意力放在学习上。

B. 周老师要注意自己的着装应该整洁得体，这是老师的基本要求。

C. 澳大利亚的学生对汉语老师很挑剔，周老师要留个心眼儿。

D. 学生只是和老师开了个无关紧要的玩笑，周老师不必在意。

《国际汉语教师证书》考试

仿真模拟试卷二

注 意

一、本试卷分三部分：

    1. 基础知识 50 题

    2. 应用能力 50 题

    3. 综合素质 50 题

二、请将全部试题答案用铅笔填涂到答题卡上。

三、全部考试约 155 分钟（含 5 分钟填涂答题卡时间）。

《华北抗战告知图》

序

第一部分　基础知识

第1—6题

请根据描述选出对应的元音或辅音，在 A—H 中进行选择，其中有两个多余选项。

1. 舌面前、高、不圆唇元音
2. 舌面央、低、不圆唇元音
3. 舌面前、中高、不圆唇元音
4. 双唇、不送气、清、塞音
5. 舌尖前、不送气、清、塞擦音
6. 舌根、不送气、清、塞音

A. b
B. ê
C. i
D. u
E. z
F. a
G. g
H. zh

1. _____
2. _____
3. _____
4. _____
5. _____
6. _____

第7—10题

　　Qǐngjìn！
A：请 进！
　　Nǐ de xìn！
B：你 的 信！
　　Xièxie！
A：谢谢！
　　Bú kèqi！
B：不 客气！

7. 根据《汉语拼音正词法基本规则》，"第一"的拼音应该写成：（　）
　　A. dì-yī　　　　　　　　B. dìyī
　　C. dì yī　　　　　　　　D. dì·yī

8. 语法轻声词是指有较强规律性的轻声词，下列属于语法轻声词的是：（ ）
   A. 谢谢　　　　　　　　　　　B. 认识
   C. 月亮　　　　　　　　　　　D. 客气

9. 下列各项中，哪一个"不"的读音与其他的**不同**？（ ）
   A. 不多　　　　　　　　　　　B. 不要
   C. 不久　　　　　　　　　　　D. 不冷

10. 下列各项中，哪一个加点字的字义是"信"的本义？（ ）
    A. 信言不美，美言不信
    B. 亲之信之
    C. 欲信大义于天下
    D. 越绝粮，使素忠为信，告粜于吴

第 11—17 题

> 天气越来越冷，同学们都穿了厚毛衣，可是丁荣只穿了一件衬衫和一条牛仔裤。波伟看见她，说："你不冷吗？穿一件厚一点儿的衣服吧！"丁荣却说："没关系。在我们国家，十二月我才穿毛衣呢。"可是第二天早上起床以后，丁荣觉得头疼、鼻子不通，还有点儿咳嗽。她量了量体温，三十八度，发烧了。上完课以后，她去了学校的医院。医生给她检查了一下儿，说："你感冒了，我给你开点药。红色的一天三次，一次两片。白色的一天两次，一次一片。这两天多休息，多喝热水。"三天以后，药都吃完了，可是丁荣还有点儿发烧。她又去了医院，医生说，她的病比较严重，需要打针。丁荣这个时候才后悔没听波伟的话。

11. "越来越"中"越"的笔画数是：（ ）
    A. 10　　　　　　　　　　　　B. 11
    C. 12　　　　　　　　　　　　D. 13

12. 和"牛仔裤"中"牛"韵腹相同的是：（ ）
    A. 泥　　　　　　　　　　　　B. 贴
    C. 片　　　　　　　　　　　　D. 收

13. "头疼"是什么短语？（ ）
    A. 偏正短语　　　　　　　　　B. 述宾短语
    C. 主谓短语　　　　　　　　　D. 述补短语

14. 和"国家"构词方式完全相同的是：（ ）
    A. 睡觉　　　　　　　　　　　B. 山水
    C. 火车　　　　　　　　　　　D. 是非

15. "量了量体温"和"量力而行",两个"量"是:( )
    A. 异读字　　　　　　　　B. 同形同音字
    C. 异体字　　　　　　　　D. 多音多义字

16. 下列各词中,和"鼻子"的语素数相同的是:( )
    A. 仿佛　　　　　　　　　B. 马达
    C. 工人　　　　　　　　　D. 荒唐

17. "打针"中的"打"是"打"的:( )
    A. 本义　　　　　　　　　B. 基本义
    C. 引申义　　　　　　　　D. 比喻义

第18—25题

> 现在的人越来越喜欢旅行。那么,(1)您出门时愿意坐火车还是坐飞机呢?大多数人还是习惯坐火车去旅行,因为火车票比飞机票便宜。比如南京到北京的火车票一般只要二百多块钱,比飞机票便宜了差不多七百块钱呢。另外,坐火车可以欣赏欣赏路上的风景,还可以在车上走走,比较有意思。
>
> 坐飞机也是个不错的选择。飞机比火车快得多,从南京到北京只要一个半小时,比火车快了十个小时。(2)机票虽然比较贵,但是常常打折。如果你提前很长时间订票,他们可能会给你打三折或者四折,非常便宜。另外,飞机上的服务也比火车上的好一些。但是飞机也有缺点,它经常晚点,没有火车准时。

18. 从结构上看,文中画线句(1)是疑问句中的:( )
    A. 是非问　　　　　　　　B. 特指问
    C. 选择问　　　　　　　　D. 正反问

19. "比较"的正确读音是:( )
    A. bǐjiǎo　　　　　　　　B. bǐjiào
    C. bíjiǎo　　　　　　　　D. bíjiào

20. 从语义来看,"快得很"中的补语是:( )
    A. 结果补语　　　　　　　B. 情态补语
    C. 程度补语　　　　　　　D. 可能补语

21. "坐火车去旅行"是什么短语?( )
    A. 偏正短语　　　　　　　B. 动宾短语
    C. 连谓短语　　　　　　　D. 兼语短语

22. "旅行"和"游览"的最主要区别是：（ ）
    A. 词类不同   B. 语体色彩不同
    C. 能否带宾语   D. 行为主体不同

23. 下列哪个副词能进入具有明确比较项的句法环境？（ ）
    A. 还   B. 太
    C. 非常   D. 有些

24. 文中画线句（2）是什么类型的复句？（ ）
    A. 转折复句   B. 假设复句
    C. 递进复句   D. 并列复句

25. 你认为本篇课文的功能项目是：（ ）
    A. 询问   B. 比较
    C. 评价   D. 旅游

第26—34题

> 安德很喜欢吃饺子，他第一次吃饺子是和波伟一起去的。那天上课的时候老师讲到了饺子，而且说饺子特别好吃，这对安德的影响很大。所以一下课，他就叫波伟一起去吃饺子。
>
> （1）<u>学校附近正好有一家饺子店</u>，他们以前都没注意过，这次打算在那儿好好吃一顿。等他们坐下来后，服务员把菜单拿给他们，（2）<u>上面写着很多种饺子的名字和价格，有蔬菜馅的，也有肉馅的</u>。（3）<u>他俩要了四两鸡肉饺子，四两牛肉饺子，还要了两碗汤</u>。服务员把饺子端到桌子上的时候，他们非常高兴，赶快夹了一个放到嘴里。哎呀，太烫了！可是，饺子皮儿薄馅儿多，确实非常香，再加点儿醋和辣椒，又酸又辣，更好吃了。

26. 文中画线句（1）中，"一家饺子店"运用了什么指称方式？（ ）
    A. 泛指   B. 全指
    C. 定指   D. 不定指

27. "正好"是什么副词？（ ）
    A. 情态副词   B. 语气副词
    C. 程度副词   D. 范围副词

28. 下列各句中，与"他第一次吃饺子是和波伟一起去的"中的"和"**不同**的是：（ ）
    A. 我和他是好朋友。
    B. 他老是爱和我开玩笑。
    C. 小王和小明见了面，彼此笑了笑。
    D. 我和小红都去过北京。

29. 下列短语中，语义角色分析**错误**的是：（ ）

   A. 吃饺子（动作——受事）

   B. 吃食堂（动作——处所）

   C. 吃大碗（动作——与事）

   D. 吃包月（动作——方式）

30. "把"字句中，介词"把"引出的是：（ ）

   A. 施事　　　　　　B. 受事

   C. 与事　　　　　　D. 系事

31. 下列"把"字句中，完全正确的是：（ ）

   A. 我把事情想弄清楚。

   B. 请把一支笔给我。

   C. 一定要把程序简化。

   D. 你把宠物别带进来。

32. 文中画线句（2）是：（ ）

   A. 存现句

   B. 名词性谓语句

   C. 形容词性谓语句

   D. 主谓谓语句

33. 与画线句（3）的分句数目相同的是：（ ）

   A. 我记得你去年来过这里。

   B. 只有在考试之前，他才会好好看书。

   C. 他走过去，关上门。

   D. 她不仅漂亮，而且知书达理，所以很多人喜欢她。

34. 从造字方法来看，"夹"是：（ ）

   A. 象形字　　　　　B. 指事字

   C. 会意字　　　　　D. 形声字

第 35—40 题

大脑的结构和功能之间是有对应关系的，虽然有些并不是绝对的一一对应关系。目前已知，人类大脑有躯体运动区、躯体感觉区、视区和听区，这四个区对称地在大脑两个半球中存在。除此之外，大脑有人类特有的语言功能。

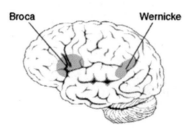

35. 掌管着人类语言活动的是大脑的：（　）
    A．左半球　　　　　　　　B．右半球
    C．前半球　　　　　　　　D．后半球

36. 图中的 Broca 区，即布洛卡区，是大脑的什么中枢？（　）
    A．说话中枢　　　　　　　B．书写中枢
    C．视觉性语言中枢　　　　D．听觉性语言中枢

37. 图中的 Wernicke 区，即韦尼克区，是大脑的什么中枢？（　）
    A．说话中枢　　　　　　　B．书写中枢
    C．视觉性语言中枢　　　　D．听觉性语言中枢

38. 当 Wernicke 区受损，人会患：（　）
    A．失语症　　　　　　　　B．失写症
    C．失读症　　　　　　　　D．感觉性失语症

39. 大脑两半球的功能存在差异，一定的功能为一侧大脑半球所控制，称为大脑两半球的"侧化"。关于大脑功能侧化，谁提出了著名的语言学习"关键期假说"？（　）
    A．冯菲尔德　　　　　　　B．罗伯兹
    C．伦尼伯格　　　　　　　D．韦尼克

40. 根据"关键期假说"，习得母语的最佳时期是在多少岁左右之前？（　）
    A．4 岁　　　　　　　　　B．6 岁
    C．12 岁　　　　　　　　 D．18 岁

第 41—45 题

下表为第二语言教学法主要流派：

第二语言教学法主要流派	重语言结构规则		重语言功能意义	
	课堂中自觉学习		课堂内外交际中自然习得	
	认知派	经验派	人本派	功能派
	认知法	（1）	（2）	（3）
	自觉实践法		自然法	

41. 下列教学法中填在（1）处的是：（ ）

    A．听说法

    B．语法翻译法

    C．全身反应法

    D．交际法

42. 下列教学法中填在（2）处的是：（ ）

    A．听说法

    B．语法翻译法

    C．全身反应法

    D．交际法

43. 下列教学法中填在（3）处的是：（ ）

    A．听说法

    B．语法翻译法

    C．全身反应法

    D．交际法

44. 经验派教学法的语言学理论基础是：（ ）

    A．转换生成语法

    B．结构主义语言学

    C．功能主义语言学

    D．历史比较语言学

45. 功能派教学法的心理学理论基础是：（ ）

    A．认知心理学

    B．行为主义心理学

    C．人本主义心理学

    D．格式塔心理学

第 46—50 题

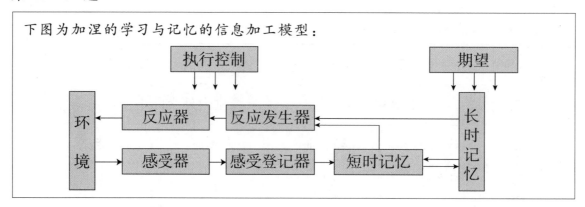

46. 短时记忆的容量为：（　）
    A. 5±2 个信息单位
    B. 6±2 个信息单位
    C. 7±2 个信息单位
    D. 8±2 个信息单位

47. 遗忘是对记忆过的内容不能保持也不能正确地再认或重现。根据艾宾浩斯的遗忘曲线，遗忘的进程具有何种特点？（　）
    A. 先慢后快   B. 先快后慢
    C. 逐渐变慢   D. 逐渐变快

48. 针对遗忘，第二语言教师可以鼓励学生采用"过度学习"策略。如果把超过刚能背诵的程度的继续学习称为"过度学习"，那么过度学习达到多少时遗忘最少？（　）
    A. 110％   B. 130％
    C. 150％   D. 170％

49. 环境是影响第二语言习得的外部条件。课堂教学最根本的缺陷，也是第二语言习得研究要解决的主要问题之一是：（　）
    A. 通过课堂教学接触目的语的时间有限
    B. 课堂教学提供的不都是真实的语言材料
    C. 课堂教学不可能教给学生所有的语法规则
    D. 课堂教学难以提供真实的交际情景

50. 加涅将学习的结果分为五种类型，其中**不属于**认知领域的是：（　）
    A. 言语信息   B. 智慧技能
    C. 认知策略   D. 态度

第二部分　应用能力

第51—55题

请根据《常用汉语语法项目分级表》中划分的语法项目等级，将右侧A—E五个语法项目填入相应的语法等级。

51. 一级语法项目
52. 二级语法项目
53. 三级语法项目
54. 四级语法项目
55. 五级语法项目

51. ＿＿＿＿＿
52. ＿＿＿＿＿
53. ＿＿＿＿＿
54. ＿＿＿＿＿
55. ＿＿＿＿＿

A. 动词谓语句（"是"字句、"有"字句）
B. 是……的（强调时间、空间方位、方式）
C. "把"字句
D. "的"字结构
E. 双宾语句

第56—61题

请将下列比较句的几种形式按常用度和难易度进行教学顺序先后的排序。

A. 清晰度量比字句（"我比你高两厘米。"）
B. 预设比字句（"今年冬天，南京比北京还冷。"）
C. 等比句（"我和你一样高。"）
D. 一般比字句（"我比你高。"）
E. 模糊度量比字句（"我比你高一点儿。"）
F. 比字句话语否定式（"我不比你高。"）

教学顺序： 56. ＿＿＿＿ →57. ＿＿＿＿ →58. ＿＿＿＿ →
　　　　　　59. ＿＿＿＿ →60. ＿＿＿＿ →61. ＿＿＿＿

第 62－67 题

> 记我的父亲
> 父亲是一个伟大的人，我不知道怎么会把我感情和爱都说起来，我个人想我看重自己的父亲，所以我和大家，都喜欢自己的伟大的人他就是"父亲"。从小候时的到长大时他都爱我很关心我什么我要都能给我做，我认为每个人的生活上会有困难，没有人会帮助他，就他自己的父亲，这是我自己的看法，因为我父亲会作饭我重要是要说出来自己的感情和爱都给我父亲，我父现在六十四年他身体还可以，他地位还可以他从早到晚工作了家里会话好孩子我和兄弟妹，要求他们好好学习好好能干他一定会高兴，他去上班早晚也不去晚上会来他对人特别好特别热闹，他是好父亲特别干活什么能做，家里事比如说洗衣服或者做饭看孩子和别人以好。

62. 该学生在作文中误用"说起来"，正确的应为"说出来"。复合趋向补语是语法教学的难点，在教学时下列哪种方法通常**不会**被使用？（　）

　　A．翻译法　　　　　　　　B．情景法
　　C．图示法　　　　　　　　D．公式法

63. 该作文中混淆了"会"和"能"，发生误代。下列为同种偏误类型的是：（　）

　　A．写毛笔字了三四年，可是写的诗的内容都不知道。
　　B．我没有时间，所以我很着急了。
　　C．你什么时候来中国了？
　　D．我们不克服缺点，就我们不能进步。

64. 母语负迁移是学生偏误的来源之一。下列最可能源于母语负迁移的是：（　）

　　A．我想结婚她。
　　B．我每天两小时学习。
　　C．他做练习做得很马马虎虎。
　　D．他不高兴了，他走了。

65. 简单应用文的训练对于写作也是必不可少的。请选择排序正确的简单应用文的课堂教学步骤：（ ）

   ① 老师给出情景、条件，以至词语，让学生练习写作
   ② 展示范文
   ③ 修改、讲评，可以拿学生写的应用文让全班同学分析，加深印象
   ④ 跟学生一起分析范文（包括结构、格式、特定用语等）

   A. ①②④③   B. ①③④②
   C. ②④①③   D. ②①③④

66. 汉语写作课注重汉语书面语的表达，教师要注意培养学生的词汇语体意识。下列各组词中需要进行语体色彩比较讲解的是：（ ）

   A. 离婚—离异   B. 书—书籍
   C. 失望—绝望   D. 战役—战争

67. 组句成段练习、看图作文等都是写作教学中常用的训练方式，这体现了哪一种第二语言写作教学法？（ ）

   A. 控制法   B. 成果法
   C. 任务法   D. 过程法

第68—73题

（一天下午，王才见金汉成一个人在校园里散步，就走了过去）
王　才：金汉成，你怎么一个人在这儿散步？
金汉成：我身体有点儿不舒服。
王　才：怪不得你脸色不太好。
金汉成：这几天天气太热，晚上没睡好觉。
王　才：你们国家夏天不这么热吧？
金汉成：我家住在山上，夏天不热。
王　才：天气预报说，今天晚上晴转阴，有小雨，最低气温20度。
金汉成：太好了，今天晚上我可以睡个好觉了。
王　才：一年四季，我最不喜欢夏天，看来你也是。
金汉成：不，我特别喜欢夏天，要是一年四季都是夏天就好了。
王　才：这是为什么？
金汉成：我父亲是做空调生意的。

68. 请根据课文难度判断本课教学对象的学习阶段是：（ ）

   A. 初级阶段   B. 中级阶段
   C. 高级阶段   D. 无法确定

69. 本课需要重点讲练的语言点是：（ ）
   A. 主谓谓语句　　　　　　　　B. 用"不"的否定句
   C. 特指问　　　　　　　　　　D. "是……的"句

70. 根据本课课文的难度，教师**不必**抽出来重点讲解的词是：（ ）
   A. 散步　　B. 脸色　　C. 预报　　D. 空调

71. 下列哪个词教师最适合利用语素扩展法进行教学？（ ）
   A. 转　　　B. 低　　　C. 说　　　D. 季

72. 对于本课功能及任务目标陈述**不正确**的是：（ ）
   A. 询问他人身体状况
   B. 听天气预报以后，谈某一天的天气
   C. 介绍自己国家的季节
   D. 介绍所在地的天气

73. 教师在讲授时，其教学过程主要分为五个阶段：认知—模仿—重复—变化—选择，这主要反映了何种教学法的基本步骤？（ ）
   A. 视听法　　　　　　　　　　B. 听说法
   C. 自觉实践法　　　　　　　　D. 交际法

第74—80题

下面是某大学汉语预科秋季学期课程表。

课程类型	课程名称	秋季学期：学期1
必修课	初级汉语导入	288（周课时16）
	初级汉语听说（操练）	288（周课时16）
	汉字阅读	72（周课时4）
	HSK词汇	72（周课时4）
	初级文化课	36（周课时2）
	中级阅读	72（周课时4）
	科技汉语	72（周课时4）
	中级文化课	36（周课时2）

74. 根据《汉语水平等级标准》，HSK四级需要学生掌握多少个词汇量？（ ）
   A. 600　　　　　　　　　　　B. 1200
   C. 1800　　　　　　　　　　　D. 2500

75. 关于对外汉语教学的特点表述**错误**的是：（ ）
    A. 以培养汉语听说能力为目标 B. 以技能训练为中心
    C. 以基础阶段为重点 D. 与文化因素紧密结合

76. 科技汉语属于什么课型？（ ）
    A. 综合课 B. 汉语技能课
    C. 特殊目的课 D. 语言要素课

77. 与对外汉语教学相关的文化教学应该是三个层次，即对外汉语教学学科范围内语言的文化因素、基本国情和文化背景知识、专门性文化知识。其中，语言的文化因素分为语构文化、语义文化和语用文化。请问，下面哪种语言现象最能反映汉语的语构文化？（ ）
    A. 汉语词的兼类现象
    B. "狗"在汉语中带有贬义
    C. 词语"四合院"在别的语言中找不到对应词
    D. 汉语中道别除了"再见"，有时还用"走好""慢走"等

78. 上汉语课前，教师想选用一本结构—功能型教材，下列哪本教材较为合适？（ ）
    A. 《桥梁》 B. 《汉语教程》
    C. 《新实用汉语课本》 D. 《汉语会话301句》

79. 学生的阅读理解能力包含了对字词句等各个层次的理解。其中，阅读的核心是：（ ）
    A. 理解词 B. 理解句
    C. 理解段落 D. 理解篇章

80. 初级水平阅读速度的起点适合从多少字/分钟开始？（ ）
    A. 60－80 B. 80－100
    C. 100－120 D. 120－150

第 81—86 题

> 下面是关于汉字课堂活动的设计。
> 趣味解释汉字
> 活动过程：教师先在黑板上写一个"雨"字，告诉学生可以把这个字想象成两扇窗户，一边的两个点正是打在窗户玻璃上的雨点。然后教师再写出几个汉字，逐一请学生想象如何解释，如何记忆。

81. 下列哪个汉字**不适合**用上述方法来让学生解释？（　）
    A. 灭　　　　　　　　　B. 从
    C. 散　　　　　　　　　D. 泪

82. 教师在教学中启发学生思考，发现汉字的趣味，这体现了教师的何种角色？（　）
    A. 引导者　　　　　　　B. 示范者
    C. 合作者　　　　　　　D. 激励者

83. 教师应当对课堂活动的时间、程序等方面的安排有所控制，这体现了课堂活动设计的什么原则？（　）
    A. 针对性原则　　　　　B. 实效性原则
    C. 可操作性原则　　　　D. 难度适度原则

84. 如果课上个别学生有注意力不集中、交头接耳等行为，教师较好的处理方法是：（　）
    A. 对学生的行为视而不见
    B. 沉默几秒
    C. 利用目光注视，使学生意识到教师已经注意到他
    D. 批评学生

85. 针对该课堂活动，教师如果想以小组的形式，比比哪组解释得好、解释得多，教师可以采用何种座位排列方式？（　）
    A. 传统式座位　　　　　B. U 型座位
    C. 圆形座位　　　　　　D. 模块型座位

86. 教师在课堂活动后，设计了随堂小测试检测学生对汉字的记忆情况，这属于：（　）
    A. 安置性评价　　　　　B. 诊断性评价
    C. 形成性评价　　　　　D. 总结性评价

第 87—92 题

> 以下是某教师的一堂口语课：
>
> ### 第十一课　职业选择
>
> 第一课时 50 分钟
> 一、组织教学及导入（约 8 分钟）
> 二、热身（约 5 分钟）
> 三、学习演练（约 10 分钟）
> 1. 听两遍：5 分钟
> 2. 回答：5 分钟
> 四、真实交际 1——模拟角色
> （约 27 分钟）
> 1. 布置任务：约 5 分钟
> 2. 采访练习：约 8 分钟
> 3. 表演：约 10 分钟
> 4. 集体讲评：约 4 分钟
>
> 第二课时 50 分钟
> 一、组织教学及复习导入（约 9 分钟）
> 1. 故事复述复习：3 分钟
> 2. 故事录音：约 4 分钟
> 3. 小结：约 2 分钟
> 二、热身（约 8 分钟）
> 三、学习演练（约 16 分钟）
> 1. 边听边回答：约 11 分钟
> 2. 两人对话：约 5 分钟
> 四、真实交际 1——模拟角色
> （约 17 分钟）

87. 口语课堂对于学生人数有一定要求。多少个学生较**不适合**口语课教学？（　　）
    A. 12　　　　　　　　　　B. 15
    C. 20　　　　　　　　　　D. 25

88. 进行口语练习分组时，哪一种分组方式最能将口语表达能力相当的同学分在一组？（　　）
    A. 按座位就近分　　　　　B. 随机分组
    C. 学生自愿分组　　　　　D. 同质分组

89. 教师在课堂上开展真实情景中的角色模拟，这体现了何种教学法的理念？（　　）
    A. 直接法　　　　　　　　B. 听说法
    C. 交际法　　　　　　　　D. 认知法

90. 复述故事属于何种练习？（　　）
    A. 机械性练习　　　　　　B. 有意义练习
    C. 交际性练习　　　　　　D. 模仿性练习

91. 口语课堂上，教师常常需要对学生进行一定的纠错。下列各纠错方式中，属于诱导补充的是：（   ）

    A. 学生：昨天我不去上课。
       教师：哦，昨天你没去上课。
    B. 学生：我还没洗脸，不能出去寝室。
       教师：对不起，你说的是什么？
    C. 学生：我昨天不做作业。
       教师：你昨天……？怎么了？
    D. 学生：我不感兴趣玩游戏。
       教师：我不感兴趣玩游戏？

92. 教师编写教案的重点是：（   ）

    A. 教学时间安排
    B. 教学目标
    C. 教学环节与步骤
    D. 教学重难点

第93－96题

请将下列对各国文化习俗的描述与相应国家对应起来，在A－F中进行选择，其中有两个多余选项。

93. 该国被奉为"微笑的国度"，该国人热情友善。但是，与他们相处，要避免接触他们的身体，尤其是头顶。

94. 该国的礼仪规范丰富，已经形成了一套详尽的程式化的身体语言，用来培养良好融洽的人际关系。该国人对名片非常重视，当对方递交名片时，应礼貌地接过来并仔细阅读。

95. 该国人认为"右比左好"，右是吉祥的，做事要从右手和右脚开始。异性互相去对方的家中拜访一般是禁止的。

96. 该国在哲学、政治、音乐、文学以及科学技术历史上有非凡的创造。该国人喜欢按计划办事，严肃沉稳。

93. _____
94. _____
95. _____
96. _____

A. 泰国
B. 韩国
C. 德国
D. 埃及
E. 美国
F. 日本

第 97—100 题

> "一带一路"是丝绸之路经济带和21世纪海上丝绸之路的简称。"一带一路"是合作发展的理念和倡议，是依靠中国与有关国家既有的双多边机制，借助既有的、行之有效的区域合作平台，旨在借用古代"丝绸之路"的历史符号，高举和平发展的旗帜，主动地发展与沿线国家的经济合作伙伴关系，共同打造政治互信、经济融合、文化包容的利益共同体、命运共同体和责任共同体。

97. 张骞"丝绸之路"的起点是：（ ）
    A. 长安　　　　　　　　　B. 洛阳
    C. 开封　　　　　　　　　D. 安阳

98. 西汉时期把阳关和玉门关以西即今新疆乃至更远的地方，称作：（ ）
    A. 西域　　　　　　　　　B. 大秦
    C. 吐蕃　　　　　　　　　D. 安息

99. 海上丝绸之路同样沟通着中国与外国的交往。记载中国最早的从南疆到达印度洋这条海上航线的史书是：（ ）
    A.《史记》　　　　　　　B.《汉书》
    C.《后汉书》　　　　　　D.《三国志》

100. 郑和下西洋开辟的海上丝绸之路最远到达：（ ）
     A. 东南亚　　　　　　　　B. 印度西岸
     C. 红海和非洲东海岸　　　D. 欧洲

第三部分　综合素质

本部分为情境判断题，共50题。

第101—135题，每组题目由情境及随后的若干条与情境相关的陈述构成。每条陈述都是对情境的一种反应，包括行为、判断、观点或感受等。请先阅读情境，然后根据你对情境的理解，判断你对每条陈述的认同程度，并在答题卡上填涂相应的字母，每个字母代表不同的认同程度。说明如下：

A	B	C	D	E
非常不认同	比较不认同	不确定	比较认同	非常认同

例题：

> 杨老师刚到悉尼的一家孔子学院工作，她的学生都是六七岁的小朋友。在同事的帮助和指导下，杨老师备好了前几堂课。第一次课的内容是向学生们介绍中国的国旗、国徽和国歌。当她在课上播放完《义勇军进行曲》之后，小朋友们都觉得这首歌非常"cool"和"powerful"，要求杨老师教他们唱，这让杨老师十分意外。

面对这种情况，如果你是杨老师，请你给出对下列陈述的认同程度：

1. 答应学生的要求会打乱自己的教学安排，而且作为新老师，开展事先没有准备的教学活动可能会力不从心。
2. 难得学生表现出了对课堂内容的强烈兴趣，应满足他们的要求，并利用这个机会，更深入地介绍中国的国旗、国徽和国歌。
3. 告诉学生之后的课会安排教唱中国国歌，课后向有经验的同事或者领导请教，听取他们的建议。
4. 给学生发放音频资料，让学生利用课余时间自行学习，这样既不打乱教学安排，又能满足他们的要求。

作答示例：若你对第1题的陈述比较不认同，则选择B；若对第2题的陈述比较认同，则选择D；若对第3题陈述非常不认同，则选择A；若对第4题陈述的认同程度介于"比较不认同"和"比较认同"之间，则选择C。各题之间互不影响。

第 101—105 题

> 倪霞作为汉语志愿者，刚到美国不久就被邀请参加当地教师协会举办的宴会。倪霞既兴奋又紧张，这是她第一次出国，也是第一次参加正式的西餐宴会。她看到圆桌上摆好的各种盘子、刀叉和杯子，不知如何使用。坐在她旁边的一位是美国大学国际交流项目的职员，一位是从中国来的女汉语教师。倪霞看到女教师品尝摆在面前的甜点，也跟着吃了一块。宴会中倪霞一直与女汉语教师用汉语聊天，几乎没有跟旁边的美国人聊天，因为她觉得自己的英语还不够好。倪霞拿起左边的一个勺子后，发现旁边的美国人在找着什么，这才意识到自己拿错了餐具。后来她看见有人把刀叉并排放在盘子上，也跟着照做，没想到服务员把她的盘子收走了，但是她还没有吃完呢。这样的经历让她觉得十分尴尬。

面对这种情况，如果你是倪霞，请你给出对下列陈述的认同程度：

101. 中美的餐饮文化有很大差异，不熟悉西方就餐礼仪是正常的。
102. 席间尽量与不同的人打招呼和交谈，而不是仅仅与熟悉的人聊天。
103. 在宴会结束后，向宴会邀请人写邮件或打电话表示感谢。
104. 为了避免尴尬，回去要好好研究一下出席西餐宴会的规则和礼仪。
105. 自己的英语还不够好，对周围的环境也不熟悉，下次有这样的宴会尽量不参加。

第 106—110 题

> 王浩在意大利某孔子学院教授高级汉语课程，为了向同学们介绍中国传统饮食文化，他选择在课上播放一段关于"满汉全席"的纪录片。影片的质量很高，对菜品材料的选择和背后的文化内涵都介绍详尽。在最后的部分，影片展示了熊掌、鱼翅和猴脑的制作过程，许多同学都发出惊讶的声音，有的同学甚至扭过脸去不忍心继续看，场面可以算是比较失控了。王浩连忙解释厨师没有用真正的猴脑来制作菜肴，而是使用了羊肉和豆腐作为替代品。

面对这种情况，如果你是王浩，请你给出对下列陈述的认同程度：

106. 在意大利，人们也常常食用六至七分熟的牛排，同学们有些小题大做了。
107. 在影片结束后与同学们一起讨论"动物保护"与"饮食选材"的关系。
108. 向同学们说明中国与意大利的饮食习惯有很大差异，寻求同学们的理解。
109. 为了避免再次出现课堂气氛失控的情况，以后减少在课上播放视频的次数。
110. 在备课时，仔细评估课堂使用的材料，选材应该反映中国文化的典型特征。

第 111—115 题

> 李老师在法国一所初中教授汉语。教学两个月之后,李老师发现学生的注意力经常不集中,需要采用小组活动的形式让学生在游戏中习得语言知识。然而,当真正开始游戏之后,学生们完全没有按照老师布置的任务练习语言点,而是越讨论越远,甚至开始用法语聊起了与课堂完全无关的话题。

面对这种情况,如果你是李老师,请你给出对下列陈述的认同程度:

111. 小组活动不适合本班的实际情况,以后在课堂教学中应尽量少使用。
112. 当发现学生在讨论无关话题时,应严厉批评,并向学生重申活动规则。
113. 当学生的学习兴趣不高时,减少小组活动时间以保证活动质量。
114. 根据学生们的兴趣调整活动设计,让活动内容尽量贴合实际生活。
115. 将相互熟悉的学生分在一组,方便学生间的沟通,同时提高学生参与活动的积极性。

第 116—120 题

> 朱华在泰国某高中教了两年中文后,现在在美国一所高中教中文。在泰国时,他在教语言点时常常顺便介绍相关的文学文化信息,教学效果非常好。但来到美国后,朱华发现这样的教学方式美国学生并不感兴趣,同时很多在泰国使用过的课堂活动、课外材料和教学手段都不受学生欢迎。

面对这种情况,如果你是朱华,请你给出对下列陈述的认同程度:

116. 经常与学生沟通,了解学生们感兴趣的教学方法和教学内容并应用于实际教学。
117. 在教语言点时,保留相关文化信息的介绍,同时加入与美国文化相比较的内容。
118. 向当地英语教师请教和学习,使用在美国地区较为常用的教学模式。
119. 理解泰国和美国学生间的差异,但是汉语教学的基本原则和方法在教学中应一以贯之。
120. 无法融入美国的教学环境,对自己的能力产生质疑。

第 121-125 题

> 王斌刚到挪威的中学教汉语,对挪威人的午餐习惯不了解。第一天上午上完课后,他准备去食堂吃饭,结果发现食堂根本不供应午饭。其他老师都从包里拿出自己准备好的两片面包,再加上一杯咖啡,就是午餐的全部了。在挪威,人们的午饭非常简单,而且基本都是自己解决。王斌没有带午饭来学校,只能饿着肚子直到下班。

面对这种情况,如果你是王斌,请你给出对下列陈述的认同程度:

121. 中国人和挪威人的生活方式有很大差异,不适应当地的用餐习惯很正常。
122. 既然在国外,就要学习当地人的做法,不要让大家觉得自己格格不入。
123. 向学校领导反映,希望学校能照顾到外籍教师的生活习惯,定时供应午饭。
124. 作为汉语教师,不仅要具备本国相关文化知识,也要了解对象国的文化知识。
125. "早饭要吃好,午饭要吃饱。"挪威人的午餐习惯不利于身体的健康。

第 126-130 题

> 杜老师在国内时是一位中学英语教师,来到比利时后在一所中学教汉语。他认为当地的汉语教材并不科学,于是按照自己的思路进行教学,很多内容超出了教学大纲的要求。这样一来,他的学生不得不花大量的时间来学习大纲没有的内容,同学们普遍抱怨学习汉语很吃力。杜老师没想到自己为汉语课堂付出那么多努力,充实学生的学习内容,却得不到认可和支持,内心十分委屈。

面对这种情况,如果你是杜老师,请你给出对下列陈述的认同程度:

126. 汉语是自己的母语,在比利时教汉语比在国内教英语容易。
127. 请教当地的汉语教师,学习他们是如何使用当地汉语教材的。
128. 坚持自己的教学理念,向学生强调补充材料的科学性以及对提升汉语水平的重要性。
129. 向学校领导反映,要求调整教学大纲并更换汉语教材。
130. 根据实际情况减少自己的教学内容,降低对学生的要求。

第 131-135 题

> 大学一年级的汉语课上,学生们才接触中文不到两个星期,刘老师就开始讲量词了。刘老师一次性地把汉语中常见的量词都教给了学生。学生们觉得实在太难了,一位同学甚至脱口而出:"愚蠢的汉语语法!"并向刘老师翻了一个白眼。课后,很多同学放弃了继续学习汉语课,改修其他课程。

面对这种情况,如果你是刘老师,请你给出对下列陈述的认同程度:

131. 必须保证课堂教学的正常进行,对影响课堂秩序的行为不予理会。

132. 该生的行为虽然不礼貌，但是情有可原且没有恶意，老师是可以理解的。
133. 该生的行为不仅是对老师个人的不尊重，也是对汉语的不尊重，行为十分恶劣，必须严肃道歉。
134. 任何语言的学习都不是一蹴而就的，要引导学生正确对待汉语学习。
135. 全面讲解量词是必要的，有助于学生形成对汉语的系统性认识。

第136—150题，每题由一个情境和四个与情境相关的陈述构成，每个陈述都是对这个情境的一种反应，包括行为、判断、观点或感受等。请先阅读情境，然后根据你对情境的理解，从ABCD四个陈述中选出你认为在此情境下最为合适的反应。

例题：

> 李敏在日本一所学校教汉语，刚到日本时，她选择与一位日本同事合租公寓。日本对垃圾分类有严格的要求，虽然李敏很注意垃圾的分类，但由于之前并没有这方面的经验，所以还是经常弄错，甚至导致邻居投诉，室友也多次因此事指责她，言语之间甚至认为李敏没有素质。

根据上述情境，如果你是李敏，请你给出最为合适的选择：

A. 无需多解释，自己努力学习如何处理垃圾，在不与室友和邻居发生冲突的情况下解决问题。
B. 主动向室友和邻居道歉，说明原委，并向室友寻求帮助，向她学习垃圾分类的方法。
C. 鉴于和室友以及邻居目前的关系不太好，还是尽快找中国同事合住，以便度过适应期。
D. 被室友和邻居误解太没面子了，须尽快从中国同事那里学习垃圾分类的技巧。

答案：B

第136题

> 马老师在韩国一所大学教授高级中文课程。班里有个学生在课后阅读兵马俑的资料时，对秦始皇兵马俑的发掘经过十分感兴趣，想请老师介绍一下。可是，马老师对这方面的知识并不了解。

面对这种情况，如果你是马老师，请你给出最为合适的选择：

A. 实事求是地回答，告知学生老师不了解这方面的知识。
B. 委婉表达老师对考古的知识不了解，需要查找一下相关资料再一起交流。

C. 根据自己的推测以及在西安游玩时的见闻，向学生介绍兵马俑的大致情况。
D. 告诉学生这一内容与课堂教学无关，不在老师的解答范围之内。

第 137 题

> 罗玲在美国一所高中教中文。这天她准备了很多材料带去教室，计划和同学们一起制作元宵节灯笼并开展相关话题。可是，当她来到教室后却发现教室已经被别的老师用来考试了，中文班的同学都在教室外面等着。

面对这种情况，如果你是罗玲，请你给出最为合适的选择：
A. 向占用教室的老师据理力争，希望他们赶快让出教室。
B. 不能耽误学生上课，立刻带同学们去寻找别的教室，按时完成教学任务。
C. 向学校管理部门反映，要求给出合理解释和补救措施。
D. 因情况特殊临时取消今天的课程，与同学们约定补课时间。

第 138 题

> 张老师在美国孔子学院教书时认识了该大学外语教育项目主任奎德教授。奎德教授正好在张老师回国探亲时访问他所在的城市。张老师自然地承担了翻译和接待的工作，请教授吃饭，陪他去市区游览，临走时还送了他一盒中国茶叶。回到美国以后，奎德教授发来一封热情洋溢的电子邮件，感谢张老师的热情招待，并提议等张老师回美国后要和太太一起请他吃饭。张老师回到学校以后，奎德教授热情地跟他打招呼，并再次表示了感谢，但是直到张老师半年之后回中国，奎德教授也没有请张老师吃饭。

面对这种情况，如果你是张老师，请你给出最为合适的选择：
A. 奎德教授太不懂人情，以后尽量不要来往了。
B. 奎德教授可能是忘记了自己请客吃饭的提议，可以在下次见面时提醒他一下。
C. 奎德教授提议一起吃饭只是出于礼节的寒暄，需要理解跨文化交际间的文化差异。
D. 自己与奎德教授只是同事关系，应该注意分寸，自己在中国时的招待过于热情了。

第139题

> 李楠在西班牙的一所中学教汉语。在讲"把"字句时，她先把"把"字句的句型写在黑板上，然后讲解"把"字句的结构和规则，最后写出一些例句。学生只听了十分钟就开始走神，有的互相说话，有的在看自己的东西，有的甚至离开自己的座位打闹。

面对这种情况，如果你是李楠，请你给出最为合适的选择：
A. 改变教学方式，将动作指令融入教学，让同学们根据"把"字句做动作以提高参与积极性。
B. 把同学们不感兴趣的语言点先放在一边，继续讲解接下来的语法内容。
C. 向不认真听课的学生提问，要求他们讲解课上老师教过的语法。
D. 课堂已经失去控制，立刻让学生下课休息，再重新组织教学。

第140题

> 美国一所大学的中文项目主任给来自中国的汉语教师们安排教学任务。在开会讨论的时候，主任安排汉语教师方欣在两周内组织一场以中国书法为主题的课外讲座，丰富学生的汉语学习内容。然而，方欣认为自己来美国的时间不长，对组织课外讲座的相关事宜完全不了解，也无法在两周内找到合适的书法主讲人，自己难以胜任这样的工作。

面对这种情况，如果你是方欣，请你给出最为合适的选择：
A. 顾及主任的面子，在会后向主任提出工作安排的不合理之处，免伤和气。
B. 在会上直接提出对教学任务安排的异议，希望结合实际做出调整。
C. 向别的老师诉苦，请求有经验的老师和自己一起完成讲座的组织工作。
D. 书法讲座的组织难度太大，自行将活动改成书法图片展览。

第141题

> 钱明作为汉语志愿者在泰国的小学教汉语。泰国是一个佛教国家，学校规定师生每天上课前都要做祈祷。钱明认为自己是无神论者，校长却说所有的教师都必须做祈祷，否则就不能在这个学校任教了。

面对这种情况，如果你是钱明，请你给出最为合适的选择：
A. 信仰问题不能随意更改，不能在课前和学生一起做祈祷。
B. 这所小学的管理规定很不合理，自己不适合在该校继续教书。
C. 当地人没有文化包容的心态，不懂得尊重其他国家的生活方式。
D. 既然来到海外就要入乡随俗，应该尊重当地的风俗习惯。

第142题

> 汪老师在英国一所中学教授汉语课。班里有一位学生名叫马克，对学习汉语很感兴趣，课上听讲很认真并且积极思考。当汪老师讲完一个语言点后，他马上举手，就一个相关的语法问题提出自己的疑惑。汪老师是学文学出身的，对这个语法问题没有深入研究。

面对这种情况，如果你是汪老师，请你给出最为合适的选择：

A. 根据自己的理解和推测及时解答学生的疑惑。

B. 告诉学生这是中国人说话的习惯，中国人都是这样说的。

C. 建议马克自己课下查阅资料，下节课和大家一起分享交流。

D. 为自己无法解答语法问题而羞愧，后悔出国前没有准确定位自己的水平。

第143题

> 祝老师邀请英国同事马修来家里吃饭。祝老师的妻子为马修准备了丰盛的中国菜。吃饭的时候，马修不禁赞美："你妻子做饭真好吃！她这么能干，你真幸运。"祝老师笑着说："手艺一般吧，每天我都吃腻了。"马修非常吃惊，直言道："你太不尊重自己的妻子了。如果我在别人面前这样评论我妻子，她一定会非常生气，说不定要跟我离婚的。"

面对这种情况，如果你是祝老师，请你给出最为合适的选择：

A. 马修说话太过分了，太不友好了，以后离他远一点。

B. 马修的想法有道理，体现了中英文化的差异，但是应该告诉他，按照中国人的习惯，他这样说不太礼貌。

C. 马修的想法有道理，自己这样评价妻子是不尊重人的表现，要及时道歉。

D. 马修只是随便一说，没有恶意，自己也不要理会，绕开话题就可以了。

第144题

> 王芳在韩国某高中教初级汉语。在教可能补语时，王芳所用的教材中出现了关于端午节的文化小贴士。一位同学在上课时直接打断王芳并提出端午节应该叫"端午祭"，是韩国江陵地区的传统节日，被联合国教科文组织确定为"人类传说及无形遗产著作"。

面对这种情况，如果你是王芳，请你给出最为合适的选择：

A. 向该生据理力争，极力证明端午节是中国的传统节日，韩国只是效仿中国。

B. 任由该生自己去说，不予理睬。

C. 不在课堂上与学生争论孰是孰非，直接开始查找资料，将具体事实摆出来，让学生们自己去分辨。

D. 尊重学生的发言，简单表达自己的观点后继续教可能补语，告诉该生如有问题可以课后进一步讨论。

第 145 题

> 齐晖来到美国的一所小学教中文不久，课堂管理的问题深深地困扰着他。在课上，学生们完全不听指令，随便说话、离开座位、相互打闹甚至在教室里乱跑。维护课堂秩序耗费了齐晖大量的精力，授课内容受到了很大影响。为此，他严肃批评了几个不守纪律的调皮学生。谁知道第二天近半数的学生没有来上课。

面对这种情况，如果你是齐晖，请你给出最为合适的选择：

A. 向学校管理部门反映，要求家长配合学校规范学生的在校行为。

B. 制定具体有效的课堂规范，与学生约定奖惩措施。

C. 了解个别调皮学生的背景情况，根据这些学生的兴趣和性格调整教学计划。

D. 将播放视频作为主要教学方式，选用活泼有趣的动画或电影吸引学生注意力。

第 146 题

> 沈城在英国一所高中做汉语教师。学校安排他与一位当地的数学老师同住一个宿舍。同屋的数学老师有些许洁癖，常抱怨沈城不能每天勤做打扫，甚至对他说："你们中国人太不讲卫生了，跟中国人住在一起真是受罪。"

面对这种情况，如果你是沈城，请你给出最为合适的选择：

A. 这位数学老师太过分了，它不仅侮辱了我，也侮辱了中国人。

B. 应该和数学老师积极沟通，希望他理解中国人的生活习惯，并注意自己的语言表达。

C. 数学老师也太过自我了，应该以相同的方式指出他让人难以忍受的地方。

D. 数学老师说什么并不影响自己的生活，不予理会。

第 147 题

> 肖梦在美国的一所大学任汉语教师。她无意间透露自己的生日就要到了，同事们一致决定为她办一场生日会。肖梦十分感动，生日当天精心打扮前去参加。谁知道在生日会上同事们肆意玩闹，甚至把蛋糕砸在她的新衣服上，让肖梦十分狼狈。

面对这种情况，如果你是肖梦，请你给出最为合适的选择：

A. 同事们太没有分寸，好好的生日会被弄得一团糟。
B. 后悔办生日会，让自己在同事们面前很难堪。
C. 应该理解中美文化差异，在生日后委婉地向同事指出其不妥之处。
D. 同事们为自己办生日，是跟自己关系好的表现，不应有过多要求。

第 148 题

> 张慧来到美国教汉语不久，跟同事们相处不错。学校的一位项目主任恰好乔迁新居，准备组织一场小型聚会，也邀请了张慧参加。张慧了解到去美国人家中做客要带礼物，特地从中国选购了一份精美的红木雕刻。谁知在聚会上，张慧的礼物被当众打开，主任脸色有点尴尬，并直言礼物太过贵重。

面对这种情况，如果你是张慧，请你给出最为合适的选择：

A. 礼物代表了自己对主任的尊重，主任这样做是让人难堪。
B. 红木雕刻作为礼物在中国很常见，主任有点小题大做了。
C. 主任不喜欢红木雕刻，那就再选别的礼物，再送一次。
D. 向主任解释中国人的送礼习惯，以后多与有经验的同事交流，避免再犯同样的错误。

第 149 题

> 孟琴在韩国任教时发现，韩国学生喜欢在考试后找老师，要求提高分数。学生即使明确看到了自己的不足之处，仍会用各种方法软磨硬泡，希望老师能"灵活机动"。学生会以"我全勤了""我作业都交了""某某人其实考试作弊了"为理由要求改分。

面对这种情况，如果你是孟琴，请你给出最为合适的选择：

A. 分数不是评价学生的绝对标准，可以酌情考虑修改分数。
B. 直接拒绝学生的请求，严肃批评学生这种无理取闹的行为。
C. 与学生一起制定科学合理的评分规范，要求所有人严格遵守。
D. 让学生去找学校管理部分协商，自己专心教学，不予理会。

第150题

> 杨老师在国内成人短期国际班教汉语，班里有来自日本、韩国、马来西亚、白俄罗斯、美国、肯尼亚、法国等不同国家的学生。她发现班里的学生好像结成了一个个小团体，只愿意和本国或相似文化背景的学生交往，课上活动和课下交流都是如此。

面对这种情况，如果你是杨老师，请你给出最为合适的选择：

A. 学生的主要目的是学习汉语，只要认真学习就好，相互间不交流也无需勉强。

B. 促进班级内学生的相互交往非常必要，在设计课上活动和课后讨论时注意将相互熟悉的学生分开。

C. 背景文化相似的学生一起交流更有效率，按照国家文化相似性分配学生座位。

D. 向学校管理部门反映，希望学校按照学生国籍重新分班，这样有助于提高教学质量。

参考答案及解析

第一部分 基础知识

实战训练一

1. 【答案】B

    【考点】此题考查对汉字含义的理解。

    【解析】汉字是世界上历史最悠久的一种独立发展的文字,现代汉字基本上是一种表意文字。表意文字又称形意文字,是一种用象征性书写符号记录词或词素的文字体系,不直接或不单纯表示语音。

    音素文字是一种字母文字,它的字母表示语言中的音素,如英文、俄文。而从汉字符号记录语言的单位来看,现代汉字基本上是一种语素文字,因此选项B错误。

2. 【答案】A

    【考点】此题考查汉字的演变过程。

    【解析】汉字字体演变的总趋势是由繁难变为简易。当然,在汉字字体演变过程中,也有字形结构繁化的现象。为了区别同音异义字而添加形旁就是比较典型的一类,比如"其"的原义是簸箕,借为虚词后,就用添加"竹字头"的"箕"来记录簸箕义。相对"其"字而言,"箕"的字形结构趋于繁复化。因此A正确。

3. 【答案】C

    【考点】此题考查对汉字造字法的理解。

    【解析】象形字是指纯粹利用图形来作文字使用,这些文字与所代表的东西在形状上很相像。

    形声字由两个部分复合成体,其中的一个部分表示事物的类别,另一个部分表示事物的读音。

    指事是一种抽象的造字法,也就是当没有或不方便用具体形象画出来时,就用一种抽象的符号来表示。大多数指事字是在象形字的基础上添加、减少笔画或符号构成的。

    会意是用两个或两个以上的独体字根据意义之间的关系合成一个字,综合表示这些构字成分合成的意义。

"末"的构字方法是在树木的顶端加一短横，表示那里是树梢；"刃"是在刀锋处加一个点儿，表示那里是刀口。两者都属于指事字。因此C正确。

4. 【答案】D

【考点】此题考查字体的演变过程。

【解析】汉字的字体经过漫长的演变过程，陆续出现过甲骨文、金文、小篆、隶书、草书、楷书、行书等各具特点的字体。隶变在字体演变史上的地位最为重要，隶变前的汉字称为"古文字"，包括甲骨文、金文和战国时期除秦国以外的六国文字，隶变后的汉字称为"今文字"，汉字完全摆脱了原始汉字的图画色彩，变成表意的书写符号，隶变是古今汉字的分水岭。

5. 【答案】A

【考点】此题考查对汉字构件的理解。

【解析】部件是由笔画组成的，能独立运用的，具有组配汉字功能的构字单位，如"件"中的"亻、牛"。

部首是工具书为给汉字分类而专设的部目，如"经"的部首是"纟"。

偏旁是用二分法对合体字进行一次性切分而获得的结构单位，如"妈"的形旁是"女"，声旁是"马"。

笔顺是书写汉字时笔画的走向和次序，汉字的笔顺规则是"从上到下、从左到右"和"先横后竖、先撇后捺"。

6. 【答案】B

【考点】此题考查对汉字的造字法的理解。

【解析】"休"字由"人、木"组成，表示人倚木休息。"林"字由两个"木"组成，表示树木丛生。"休、林"属于会意字。会意是用两个或两个以上的独体字根据意义之间的关系合成一个字，综合表示这些构字成分合成的意义。

选项"采"中，"爫"即爪，"木"即树，表示用手从树上采摘，是会意字。"本"字是在"木"下加指事符号"一"，表示位置在树的下部，是指事字。指事是一种抽象的造字法，也就是当没有或不方便用具体形象画出来时，就用一种抽象的符号来表示。大多数指事字是在象形字的基础上添加、减少笔画或符号构成的。"果"字像果子长在树上。"禾"字像禾谷的穗子。"果、禾"是象形字。象形是指纯粹利用图形来作文字使用，这些文字与所代表的东西在形状上很相像。

7. 【答案】C

【考点】此题考查对派生词的理解。

【解析】派生词属于合成词的一种，它是指由词根和词缀组合而成的词。可以分为三类：

① 前缀＋词根，如：阿姨、老板、老婆；

② 词根＋后缀，如：椅子、瓶子、苦头、甜头、鸟儿、伴儿；

③ 词根＋中缀＋词根，如：对得起、对不起、来得及、来不及。

8. 【答案】A

【考点】此题考查对联绵词的理解。

【解析】联绵词指古代汉语中流传下来，单个音节没有意义的双音节词。联绵词有三种：双声（伶俐、忐忑）、叠韵（逍遥、汹涌）、非双声叠韵（蝙蝠、玛瑙）。

9. 【答案】E

【考点】此题考查对单义词的理解。

【解析】只有一个意义的词就是单义词。单义词有不同的类型，主要有常见事物的名称（书籍、楼房），科学术语和专有名称（原子、硫酸），古语词或书面语词（愆期、溘然）。"书籍、激光、缄默、血型"这四个词都只有一种释义。

10. 【答案】B

【考点】此题考查对反义词理解。

【解析】反义词是意义相反或相对的一组词。构成反义词的这一组词必须属于同一个意义范畴，如长短、重量、时间、处所、速度、面积等，否则无法形成一个类聚。反义词可以是形容词，也可以是动词或名词。反义词有绝对反义词和相对反义词两种。

11. 【答案】G

【考点】此题考查对音译词的理解。

【解析】音译词是用音译的方式直接从外语引进的外来词。音译词也属于单纯词，它包括全部音译（马达、高尔夫）和音译加意译（香槟酒、摩托车）等类型。

12. 【答案】D

【考点】此题考查对缩略词的理解。

【解析】这一组属于缩略词。短语简缩并进而凝结为词，是一种重要的造词方法。短语简缩是为了满足交际中的"经济"原则，即省时省力的需要。短语简缩的方式主要有五种：分段简缩、截段简缩、综合简缩、省同存异、标数概括。本题中词语的完全形式分别为：国有企业、扫除文盲、节约能源、高级中学。

13. 【答案】B

【考点】此题考查对连动谓语句的理解。

【解析】连动谓语句是指由连动短语充当谓语的句子，也叫连动词。此句中"去清扫"两个动词连用充当句子的谓语，属于连动谓语句。连动句有以下特点：两个动词短语互不作成分，而是共同作谓语，但在语义上有目的和方式、原因和结果、先和后的关系；短语的位置顺序不能相互颠倒，中间也没有语音停顿；它们可以分别连着主语单说。如：

① 他搜集着一片片的干苔藓烧水喝。（目的）

② 凭着他的求生的意志，他还是挣扎着蠕动爬行。（方式）
③ 由于长期的劳累过度，李老师终于生病住院了。（因果）

14. 【答案】D

【考点】此题考查对条件句的理解。

【解析】必要条件句指偏句是正句成立的必要条件，缺少了必要条件，正句提出的结果就无法成立。必要条件句常用的关联词语有：

单用："才、否则、要不然"。

合用："只有（唯有）（除非）……才（否则）（不）……"。

此句中有关联词语"只有……才……"，属于必要条件句。

15. 【答案】F

【考点】此题考查对主谓谓语句的理解。

【解析】主谓谓语句是指由主谓结构充当谓语的句子。此句的谓语部分"身上连一点烟灰也没有"是一个主谓结构，因此属于主谓谓语句。

观察这类句子，可以从全句的主语（称为大主语）和主谓短语里面的主语（称为小主语）是施事还是受事以及时间方面的关系等来看，大体有以下五种：

① 大主语是受事，小主语是施事，全句的语义关系是：受事‖施事—动作。大都可以变换成不同的句式，例如：这件事‖大家都赞成。（→大家‖都赞成这件事。）

② 大主语是施事，小主语是受事，全句的语义关系是：施事‖受事—动作。例如：他‖什么书都看过。

③ 大主语和小主语有广义的领属关系。例如：他‖一向态度和蔼。（→他的态度‖一向和蔼。）

④ 谓语里有复指大主语的复指成分。例如：一个边防军人，‖他时刻准备着为边关奉献一切。

⑤ 大主语前暗含一个介词"对、对于、关于"等。大主语加上介词，就变成句首状语了。例如：这件事‖中国人的经验太多了。

16. 【答案】G

【考点】此题考查对存现句的理解。

【解析】存现句是语义上表示何处存在、出现或消失了何人或何物的一种特定句式。存现句在结构上一般有三段，即处所段＋动作段＋人或物段；语用上用来描写景物或环境。它可以分存在句和隐现句两种：

(1) 存在句是表示何处存在何人或何物的句式。例如：
① 山上有个庙。
② 台上坐着主席团。

(2) 隐现句表示何处出现或消失何人何物。例如：
① 他的脸上透出了一丝笑意。（表出现）

② 昨天村里死了两头牛。（表消失）

17. 【答案】C

    【考点】此题考查对双宾语句的理解。

    【解析】动词之后先后出现近宾语（间接宾语）、远宾语（直接宾语）两层宾语的句子叫双宾句。近宾语一般指人，回答"谁"的问题；远宾语一般指物，回答"什么"的问题。本题中"他"是近宾语，"很多东西"是远宾语，属于双宾语句。

18. 【答案】A

    【考点】此题考查对假设条件句的理解。

    【解析】假设条件句指前一分句提出一个假设条件，后一分句表示这个条件实现后将产生的结果。常用的关联词语有"如果（假如、倘若、要是）……就（那么）……，即使（就算、哪怕）……也（还）……"等。根据"如果"一词判断本句为假设条件句。

19. 【答案】A

    【考点】此题考查被动句的构成和变式。

    【解析】被动句是指主语与谓语之间的关系是被动关系，主语是谓语动词所表示的行为的被动者、受害者。被动句是各种语言的基本句式，在不同语言中被动句的语法有一些差别。除了"被"，"让、叫"等也是构成是被动句的标志。根据句中的"让"和句义可判定此句为被动句。

20. 【答案】B

    【考点】此题考查对课文语法点的整体把握。

    【解析】C、D选项的语法点都没有在课文中出现，所以排除C、D选项。

    A选项"疑问代词"，课文中只出现了"怎么"，没有出现其他疑问代词。

    分析课文并结合选项可知，结果补语在课文中出现较多，是最可能的语法点，如"借走""放好""偷走""转遍""花光"。结果补语表示动作、变化的结果，由动词、形容词充当。例如：

    动：救活了　记住了　打碎了　学会了

    形：吃饱了　喝足了　睡好了　玩腻了

21. 【答案】C

    【考点】此题考查疑问代词的特殊用法。

    【解析】"任指"可以指任何人、任何事物、任何地方、任何情况等，无一例外，如"谁都可以来"中的"谁"。

    "虚指"不确指哪一个，如"我好像在哪儿见过他"中的"哪儿"。

    "承指"表示承接，一般是同一疑问代词成对使用，如题干中的"怎么"。

    "例指"后面要接例子表明所指对象，如"什么张三李四，我都不认识"。

141

22. **【答案】** C

【考点】 此题考查近义词的辨析。

【解析】 C 选项，表示"各个方面"时只能用"处处"，如"她处处为我着想"，不能说"她到处为我着想"。其他三项都是"到处/处处"在词义和用法方面的相同点。D 选项指在大多数情况下可以互换，并不包括所有的情况，如"处处是绚丽的画图，处处是瑰美的诗篇"这句话中换了似乎不太妥当。

23. **【答案】** D

【考点】 此题考查生词的展示和讲解。

【解析】 一般来说，一些可用实物、图片等来展示词义的生词，如名词等在教学中不需要作过多解释，因此 D 选项的"商场"，教师在讲解时只需利用图片即可。再者，"商场"也是学生较为熟悉的地方，很容易理解。而"原来""省""遍"讲解起来相对复杂。讲解"原来"一词时，应创设一定的情境，在情境中让学生理解其用法。"省"是本段课文中的主要动词，需搭配"钱、时间"等常用名词进行讲解。"遍"在课文中作结果补语的用法比较难掌握，也应详细讲解。

24. **【答案】** B

【考点】 此题考查语法点的展示和讲解。

【解析】 展示语法点可以利用实物、图片、动作或通过设置情景等方式。

"踩"是动词，因此利用动作情景展示是最为直观有效的方式。

利用实物：名词谓语句——时间表达。教师利用时钟或钟表模型进行问答，引入新学的句型。教师：现在几点？学生：现在八点。

利用图片：形容词谓语句——北京的夏天很热。展示颐和园的图片，图上有些人在水中，一些人在乘凉，右上角标：今天 38 度。

设置情景：数量补语——他念了两遍。

25. **【答案】** B

【考点】 此题考查对于课文的分析能力。

【解析】 分析课文可知，课文描写的是一次购物的经过，因此 B 选项最为合适。其余三个选项都是对客观事情或人物的描述，不涉及对过程描述的训练。

26. **【答案】** C

【考点】 此题考查对偏误类型的分类与理解。

【解析】 错序：指由于句中的某个或某几个成分放错了位置造成的偏误。

遗漏：指由于在词语和句子中遗漏了某个/几个成分导致的偏误。

冗余：指增加不必要的语法成分产生的偏误。

误代：指由于从两个或几个形式中选取了不适合于特定语言环境的一个造成的。这两个或几个形式，或者是意义相同或相近，但用法不同；或者只是形式上有某种共同之处（如字同），而意义和用法不同；或者是用法相同，意义相反。总之，这些都是很容易使初学者发生混淆而出现的偏误。

通过分析可知，句（1）、（4）的偏误类型是遗漏，句（2）、（3）是错序，句（7）属于误代，句（5）、（6）正确。因此没有出现的偏误类型是冗余。

27. 【答案】A

【考点】此题考查对汉字字形的认读与理解。

【解析】"手几""会义"的错写反映了此学生写汉字时容易出现丢失偏旁的问题。其他三种情况在造句中没有出现。

28. 【答案】A

【考点】此题考查对偏误原因的分析。

【解析】偏误的来源有四个：母语负迁移、目的语负迁移、文化因素负迁移、学习策略和交际策略的影响。

句（7）产生偏误的原因是学生将"全"这个词的意义过度泛化导致，属于目的语的负迁移。

29. 【答案】C

【考点】此题考查对偏误原因和类型的综合分析能力。

【解析】句（3）把"选择房子"说成了"房子选择"，其偏误类型是错序，产生原因是母语的负迁移。学习者在不熟悉目的语规则的情况下，只能依赖母语知识，因而同一母语背景的学习者往往出现同类性质的偏误。对于初学者来说，这是其产生偏误的主要原因之一。韩国学生受母语影响，习惯将宾语放在动词之前。选项C属于同一偏误。

30. 【答案】C

【考点】此题考查对"先天论"这一理论的了解与认识。

【解析】斯金纳（B. F. Skinner），美国行为主义心理学家，新行为主义的代表人物，操作性条件反射理论的奠基者。

韩礼德（M. A. K. Halliday），英国当代语言学家，世界两大主要语言学派之一的系统功能语言学的创始人。

乔姆斯基（Chomsky）是先天论的代表人物。他的主要观点是，儿童被假定为天生具有适用于所有人类语言的基本语法结构的知识。这种与生俱来的知识通常被称作普遍语法理论。

拉里·塞林克（Larry Selinker）引进了"中介语"和"石化"等概念，1969年在"语言迁移"方面最早进行实证研究，对第二语言习得领域具有开创性贡献。

31. 【答案】B

【考点】此题考查对"认知论"中认知结构组成部分的理解与掌握。

【解析】认知论的理论基础是瑞士著名儿童心理学家皮亚杰的发生认识论。

皮亚杰在阐述儿童心理发展时指出，人有遗传的心理功能，它决定人与环境相互作用，并向环境学习。与环境作用的结果就形成并发展了儿童的认知结构。认知结构的组成部分又称为图式（schema），人脑中储存着各式各样的图式，如开车的图式、做饭的图式等。图式是心理活动的组织结构，也是人类认识事物的基础，是人类向环境学习的产物，同时对新事物的理解和吸收又取决于头脑中已有的图式。

32. 【答案】C

    【考点】此题考查对"认知论"这一理论内容的认识与理解。

    【解析】认知的发展受同化、平衡、顺应三个基本过程的影响。

    同化指儿童遇到新事物时，希望将其结合到原有的认知结构中，使其成为自身的一部分；平衡指同化成功后使认识与外界趋于一致；顺应指在同化不成功的情况下儿童调整原有的图式以适应环境。

33. 【答案】B

    【考点】此题考查对"语言功能论"研究角度的理解。

    【解析】语言功能论的代表人物的英国语言学家韩礼德，它强调语言的交际功能。语言功能论主张儿童习得语言是为了学会如何表达意思，如何利用语言做事、进行交际，因此更为重要的是掌握语言的语义体系和语用体系。A、C、D都是从语言结构的角度探讨第一语言的习得。

34. 【答案】A

    【考点】此题考查对"先天论"中"语言习得机制"的理解。

    【解析】乔姆斯基认为人类先天具有一种习得语言的特殊能力，表现为儿童头脑中有一种受遗传因素决定的"语言习得机制"（language acquisition device，简称LAD）。"语言习得机制"包括两部分：一部分是以待定的参数形式出现的、人类语言所普遍具有的语言原则，又被称为"普遍语法"；另一部分是评价语言信息的能力，也就是对所接触到的实际语言的核心部分进行语言参数的定值。

35. 【答案】C

    【考点】此题考查各教学法流派的侧重点。

    【解析】教学法流派，指在一定的理论指导下在教学实践中逐渐形成的，包括其理论基础、教学目标、教学原则、教学内容、教学过程、教学形式、教学方法和技巧、教学手段、教师与学生的作用和评估方法等方面的教学法体系。

    认知派强调自觉掌握，如语法翻译法、自觉对比法和认知法等；人本派强调情感因素，如团体语言学习法、默教法、暗示法、全身反应法等；功能派强调交际运用，如交际法等；经验派强调通过大量的模仿和操练养成习惯，如直接法、情景法、听说法、自觉实践法等。

36. 【答案】A

【考点】此题考查人本派教学法的下属分类。

【解析】人本派：受人本主义心理学的影响，更多地考虑人文方面的因素，特别强调以学生为中心，教为学服务，在教学中重视情感因素的作用，建立和谐融洽的同学关系和师生关系，充分发挥学生的主动性，着重从心理学的角度、从如何为成功的学习创造必需的条件方面探讨教学法。

认知派：以语法翻译法为代表，这一派教学法的主要特点是强调学习者对语言规则的理解和自觉掌握。自觉对比法属于认知派的教学方法。

37. 【答案】B

【考点】此题考查语法翻译法的理论基础。

【解析】语法翻译法的心理学基础是18世纪德国的官能心理学，其创始人是德国哲学家沃尔夫（C.Wolff）。他认为心灵虽然是统一的，但能划分为不同的官能或能力，如认识、情感、意志等，各种不同的官能可以分别加以专门的训练，以促进其发展。

A、C、D选项分别是直接法、情景法、认知法的心理学基础。

38. 【答案】D

【考点】此题考查对交际法中交际要素的掌握。

【解析】功能、普通意念和特殊意念是交际的三大要素。

功能：指用语言做事，完成一定的交际行为。

普通意念：指与功能相关的时、空、数量等关系，比如表示存在、空间、时间、数量、质量、心理关系、指代等，适用于各种话题和背景，是所有学习者都必须掌握的，与功能称为"共核"。

特殊意念：是由话题直接决定的词汇项目，也就是各类词汇，如个人身份、业余爱好、天气等。

39. 【答案】A

【考点】此题考查对听说法内容的理解和掌握。

【解析】听说法是20世纪40年代产生于美国的第二语言教学法，强调通过反复的句型结构操练培养口语听说能力，又称"句型法"或"结构法"。听说法的语言学理论基础是美国结构主义语言学，其心理学基础是行为主义心理学。听说法主张听说领先、反复操练，以句型为中心。其教学过程分为认知、模仿、重复、变换、选择五个步骤。

听说法对结构和形式的重视超过意义，语言学习是学习语音、词汇、语法，句子是基本教学单位。

40. 【答案】C

【考点】此题考查对"反思性实践"这一概念提出者的了解。

【解析】"反思性实践"的提出者是美国学者肖恩。肖恩的"反思性实践"理论对教育产生了极大的影响，是教师行动研究和教学研究的理论基础。所谓行动研究，即教育在行动中研究，再把研究成果应用于行动。换言之，行动研究是一种"反思性实践"。"反思性实践"要求教师不断丰富自己的缄默知识，通过反思使自己长期处于"形成性"过程之中。一句话，教师的专业化发展是一个没有止境的过程。

41. 【答案】A

【考点】此题考查反思性教学的特点。

【解析】对教学经验的反思，称为反思性实践或反思性教学，这是一种思考问题的方式，要求教师具有做出理性选择并对这些选择承担责任的能力。波斯纳提出了一个教师成长公式：经验＋反思＝成长。

反思性教学具有主体性、开放性、循环性、问题性等特点。主体性指汉语教师不仅是从业者和教学者，而且还是研究者，他们通过自己的努力来解决问题，自始至终都是教学和研究的主体。问题性指汉语教师在解决问题的过程中进行反思、检验、修正，最终通过问题的解决来提高汉语教学水平。循环性指与一般的项目研究不同，反思性教学所进行的研究没有终点，只有不断地提高和螺旋式上升，问题总是层出不穷的，需要教师不断地检验修改教学环节，提高教学水平。开放性是指反思性教学的内容和形式都具有开放性，凡是涉及汉语教学的问题都在反思性教学所关注的范围内，包括教学内容、教学条件等，反思的形式也多种多样，有反思日志、问卷调查等。

42. 【答案】C

【考点】此题考查反思性思维的三个阶段。

【解析】反思性思维三个层次不同的阶段为：技术的合理性阶段、合理行为阶段和批判性反思阶段。在技术的合理性阶段，个体根据其经验或观察，而不是根据理论和系统对发生的事件进行反思，不能看到事件的问题性。处于这一水平的教师只考虑所教知识的技术应用，而看不到学校、社区等背景的不确定性，它是反思的最低阶段。在合理行为阶段，通过结合理论，个体能看到事件存在的问题性，但又表现出个人的偏见。处于这一阶段的教师开始注意区分对立的教育目标背后的假设和诱因，注意评价特定的教师行为所导致的教育后果。范梅南将其称之为解释学与现象学的思维模式。在批判性反思阶段，教师以开放的意识，将道德和伦理标准整合进关于实践行为的论述中。在这一阶段，教师不带个人偏见地关注对学生发展有益的知识和社会环境的价值。范梅南将其定义为批判性的辩证思维模式，它代表了反思的最高水平。

43. 【答案】D

【考点】此题考查对教学指向这一内涵的理解。

【解析】题干的关键词是"教学指向"，A、B、C选项都是有关教师自身指向的问题。只有D选项涉及教学方面问题，因此D是正确选项。"教学指向"既是教学目标之所在，也是教学内容的纲领性表达，同时也是选择教学程序的基准。

44. 【答案】B

【考点】此题考查对汉语教师心理健康含义的理解。

【解析】汉语教师心理健康主要指的是在不同环境下的自身适应能力。而B选项是对汉语教师的具体要求。心理健康是指精神、活动正常，心理素质好，大多与遗传（基因）相关，既能过着平平淡淡的日子，也能经受各种事件的发生。心理健康突出表现为在社交、生产、生活上能与其他人保持较好的沟通或配合。

45. 【答案】D

【考点】此题考查教材编写的理论依据。

【解析】教材编写的依据：

① 语言学、心理学、教育学是理论基础。教材编者要具有理论语言学、心理语言学、社会语言学、心理学、教育学等方面的理论知识，并用于教材的编写。

② 语言教学理论和学习理论是直接理论依据。

③ 目的语语言学和目的语文化是教材内容的源泉。

④ 教学计划与教学大纲是教材编写的直接依据。

选项D文化大纲是确定教材内容的依据。

46. 【答案】A

【考点】此题考查教学计划的核心。

【解析】教学计划是根据教育目的和培养目标所制定的全面指导某专业教与学活动的规范性文件。教学计划是以课程设计为核心的总体设计的具体体现，主要包括专业培养目标、学习年限、课程设置及其主要教学方式和学时分配。其中，课程体系是主要内容。教学计划也可以看作是课程设置的总体规划，决定该专业课程的结构和方向。

47. 【答案】A

【考点】此题考查我国对外汉语教材编写的套路。

【解析】结构与功能相结合是20世纪80年代以来我国对外汉语教材编写的主要路子。结构与功能相结合，以结构安排为基础，同时考虑到结构所表达的功能，使结构应用于一定的功能，比较适合于初级阶段的第二语言学习。50—70年代是结构法教材时期。

48. 【答案】C

【考点】此题考查教学内容编排顺序的原则。

【解析】C选项直观全面是呈现教材内容而非编写教材的原则。语言教学，不论是结构、功能还是文化，都应该体现由易到难、由具体到抽象、先一般后特殊、循序渐进的原则，便于学生学习。教学内容的编排要符合语言教学规律，遵照循序渐进原则，做到由易到难，由浅入深。

49. 【答案】C

【考点】此题考查具体备课工作的内容。

【解析】具体备课工作有三个方面：

① 分析教材。教师对教材要分析透，达到熟练掌握的程度。

② 分析教学对象。备课仅仅备教材还不够，还要体现以学生为中心的原则，分析使用这一教材的学生。

③ 确定教学方法。包括如何展示和讲练，是从课文开始还是从句型开始，是用演绎法还是用归纳法等。

C选项不属于备课的范畴，备课主要是对教学对象、教学内容等的分析，而组织课堂属于具体教学方面的问题。

50. 【答案】B

【考点】此题考查对外汉语课堂教学的知识。

【解析】对外汉语教学强调把知识转化为技能，以培养技能和能力为最终目的。而技能和能力更需要靠学习者的大量练习和实践才能获得。因而对外汉语课堂教学自然也就更多地要求以学生为主体，充分发挥学生的主动性、积极性和创造性。

对外汉语课堂教学环节是以每节课内的教学内容来划分的，每一种语言要素的讲解或言语技能的训练都要体现完整的环节。

对外汉语课堂要营造一种轻松愉悦的气氛，以激发学生的学习兴趣，减少畏难情绪，收到课堂教学的良好效果。

实战训练二

1. 【答案】C

   【考点】此题考查音节和音素的相关知识。

   【解析】音节是听觉可区分的最自然的语音基本单位，而音素是最小的语音单位。汉语音素包括10个元音，22个辅音，总共有32个。一个音节，至少有一个音素，至多有四个音素。本题中"墙"（qiáng）这个音节可拆分为四个音素：q、i、a、ng，故选C。

2. 【答案】B

   【考点】此题考查汉字造字法。

   【解析】一般来说，汉字的造字法包括象形、指事、会意、形声四种。其中形声字最普遍，它是由形旁和声旁拼合而成的造字法，不仅表意，而且沟通了汉字与语音的联系，成为汉字发展的主流。例如：优、媚、烧等。"饺"属于形声字，左边是它的形旁，右边是它的声旁。

3. 【答案】A

   【考点】此题考查词语的标准读音和词义。

   【解析】"伙计"的正确读音是huǒ ji，"计"读轻声。"伙计"旧时指店员或长工，现在泛指合作的人，有兄弟的意思。在选段中的意思是店员。

4. 【答案】A

   【考点】此题考查汉语音韵学的相关知识。

   【解析】双声是指一个双音节词中两个字的汉语拼音的声母相同，如流离、荏苒、踌躇；同韵母的字构成叠韵，如萧条、欸乃、荒唐。外来词，也称外来语，指一种语言从别的语言借来的词汇，如纽约、芭蕾舞、WTO。"玲珑"两字声母相同，韵母不同，属于双声词。

5. 【答案】C

   【考点】此题考查对汉字笔画的掌握。

   【解析】"羲"字一共十六画，分别是：点、撇、横、横、竖、横、撇、横、竖、撇、点、横、竖折折钩、斜钩、撇、点。

6. 【答案】B

   【考点】此题考查对汉字笔画的掌握。

   【解析】"沸"一共有八画，分别是：点、点、提、横折、横、竖折折钩、撇、竖。第六画是竖折折钩。

7. 【答案】B

   【考点】此题考查词语的标准读音和词义。

   【解析】"招呼"的正确读音是zhāo hu，"呼"读轻声。"招呼"一词主要有几个意思：①招引呼唤；②用言语、身势等致意；③照料，关照；④留神。选段中的意思是店员关照、照料客人。

8. 【答案】C

   【考点】此题考查汉字的形体结构。

   【解析】合体字结构主要包括左右结构、上下结构、左中右结构、上中下结构、半包围结构、包围结构等。独体字又称为"单一结构",是以笔画为直接单位构成的汉字。它是一个整体,不可切分,如山、手、本。本题中的"儿"属于单一结构。

9. 【答案】D

   【考点】此题考查书法基础知识。

   【解析】中国书法源远流长,经历了篆书、隶书、草书、楷书、行书的演变。行书是在隶书的基础上发展起来的,介于楷书、草书之间的一种字体,"行"是行走的意思,它不像草书那么潦草,也不像楷书那么端正。行书到王羲之手中,实用性和艺术性达到最佳,代表作品有《兰亭集序》《奉橘帖》等。A选项是隶书,B选项是楷书,C选项是篆书,D选项是正确选项行书。

10. 【答案】E

    【考点】此题考查现代汉语语音方面的知识。

    【解析】音色又叫音质,就是声音的特色,是不同的声音能够互相区别的最基本的特征,它决定于声波振动的形式。

11. 【答案】A

    【考点】此题考查现代汉语语音方面的知识。

    【解析】音素是从音色角度划分出来的最小的语音单位。现代汉语的音素包括10个元音,22个辅音,总共有32个。一个音节,至少有一个音素,至多有四个音素。

12. 【答案】D

    【考点】此题考查现代汉语语音方面的知识。

    【解析】音节是语音结构的基本单位,也是自然感到的最小的语音片段。它的构成分头、腹、尾三部分,因而音节之间具有明显可感知的界限。在汉语当中,一般一个汉字的读音即为一个音节。

13. 【答案】G

    【考点】此题考查现代汉语语音方面的知识。

    【解析】音位是一个语言系统中能够区别意义的最小语音单位,是根据语音的辨义作用归纳出来的音类,是从语言的社会属性划分出来的语言单位。

14. 【答案】F

    【考点】此题考查现代汉语语音方面的知识。

    【解析】声调具有区别意义的作用,主要是由音高变化构成的。普通话中有四个声调,称为"四声":阴平、阳平、上声、去声。

15. 【答案】C

【考点】此题考查现代汉语语音方面的知识。

【解析】轻声是四声的一种特殊音变，即在一定条件下读得又短又轻的调子，如"萝卜"的"卜"。

16. 【答案】A

【考点】此题考查现代汉语修辞的相关知识。

【解析】比喻就是打比方，是用本质不同又有相似点的事物描绘另一事物或说明道理的辞格，也叫"譬喻"。在这里，"没有智慧的头脑"是本体，"没有蜡烛的灯笼"是喻体，该句属于比喻辞格中的明喻。

17. 【答案】E

【考点】此题考查现代汉语修辞的相关知识。

【解析】借代指不直说某人或某事物的名称，借同它密切相关的名称去代替，也叫"换名"。该句中，"诸葛亮"属于专名代泛称，即用具有典型性的人或事物的专用名称充当借体来代替本体事物的名称。

18. 【答案】D

【考点】此题考查现代汉语修辞的相关知识。

【解析】比拟指根据想象把物当作人写或把人当作物写，或把甲物当作乙物来写。该句里，作者把人当作植物来写，使人的下半截身子"长在水里"，跟荷梗一样，给人以壮美的形象，属于比拟中的拟物。

19. 【答案】B

【考点】此题考查现代汉语修辞的相关知识。

【解析】故意言过其实，对客观的人、事物作扩大或缩小或超前的描述，这种辞格叫夸张。在这里，"千家""十里"属于故意把一般事物往大（多、快、高、长、强……）处说。

20. 【答案】F

【考点】此题考查现代汉语修辞的相关知识。

【解析】利用语音或语义条件，有意使语句同时关顾表面和内里两种意思，言在此而意在彼，这种辞格叫双关。该句的"陶"和"桃"、"（姓）李"和"李（树）"属于利用音同或音近的条件使词语或句子语义双关。

21. 【答案】C

【考点】此题考查现代汉语修辞的相关知识。

【解析】对偶指结构相同或基本相同、字数相等、意义上密切相连的两个短语或句子，对称地排列。该诗联属于对偶。

22. 【答案】D

【考点】此题考查汉字的造字法。

【解析】关于汉字造字法，从汉朝以来，相沿有"六书"的说法，即象形、指事、会意、形声、转注、假借，但末两种应属于用字法。"鱼、小、水"

属于象形字，画成其物，随体诘诎。"尖"属于会意字，上小下大为尖，比类合谊，以见指㧑。

23．【答案】 C

【考点】 此题考查现代汉语词汇的知识。

【解析】 "蘑菇"是非双声叠韵的联绵词。类似的还有蘼芜、茉莉、葡萄等。双声词中两字声母相同，如流利、慷慨。叠韵词中两字韵母相同，如徘徊、崔嵬。合成词由两个或两个以上的语素组成，在现代汉语词汇中占绝大多数，主要有复合式、附加式、重叠式三种构词方式。联绵词是由两个音节连缀成义而不能分割的词，类型分为双声词、叠韵词、非双声叠韵词。

24．【答案】 D

【考点】 此题考查现代汉语语法中的兼语式。

【解析】 谓语部分是连用的动词（有的后一个是形容词），不属于同一个主语，前一个谓语的宾语同时又作为后一个谓语的主语，等于一个动宾结构和主谓结构连环在一起，当中没有语音停顿，这样的格式叫兼语式，其结构形式是"主语＋谓语$_1$＋兼语＋谓语$_2$"，句中"人"既是前半部分的宾语，又是后半部分的主语，属于兼语。

25．【答案】 A

【考点】 此题考查复句类型。

【解析】 复句由两个或两个以上意义相关，结构上互不作句子成分的分句组成。常见复句类型主要有并列、递进、选择、转折、因果、假设、条件等。条件复句中分句之间的关系是条件和结果的关系。偏句提出一种真实或假设的条件，正句说明在这种条件下所产生的结果。本句中的关联词是"不论……都……"，属于条件复句中的无条件句，指偏句排除一切条件，正句表示无论在什么情况下都会产生同样的结果，不以偏句的条件变化为依据。

26．【答案】 A

【考点】 此题考查"就"在句中的意义。

【解析】 现代汉语中"就"的意义很多，在句中可作动词、介词、副词、连词等使用。"我从小就不爱吃鱼"中的"就"属于副词，表示很早以前开始，事实就是如此，即他不爱吃鱼这一事实很早以前就存在了。

27．【答案】 C

【考点】 此题考查第二语言习得知识。

【解析】 教室属于外部环境差异，不属于第二语言学习者个体差异。个体差异包括学习者的年龄、性格、认知方式、语言学能等。

28．【答案】 B

【考点】 此题考查"都"在句中的意义。

【解析】 "都"的基本字义包括：①全、完全；②表示语气的加重。"都"在句中表示全、全体，A、C、D选项的"都"也表示全、完全。B选项的

"都"表示语气的加重,和题干句中"都"意义不同,故选 B。

29. **【答案】** B

    【考点】 此题考查现代汉语语音。

    【解析】 将"jin"念成"jing","zhen"念成"zheng"属于前后鼻音混淆,故应重点纠正前后鼻音,和其他三项无关。

30. **【答案】** A

    【考点】 此题考查复句语义关系。

    【解析】 复句由两个或两个以上意义相关,结构上互不作句子成分的分句组成。常见复句类型主要有并列、递进、选择、转折、因果、假设、条件等。"不仅仅……更……"是一组递进关系的关联词语,故选 A 项。属于递进关系的关联词语还有"不但……而且……""尚且……何况……"等。

31. **【答案】** C

    【考点】 此题考查语素教学法。

    【解析】 汉字是一种语素文字,所谓语素教学法是指从语素入手,让学生不只是单纯地记忆一个个独立的词,而是在语素和构词法的理论指导下学习词汇,这样能大大提高学习词汇的效率。C 选项由"医术"拓展到"骑术""战术"就属于语素教学法,扣准了"术"这一语素进行延伸学习。A 选项是近义词拓展,B 选项是反义词拓展,D 选项是顺序词的教学。

32. **【答案】** A

    【考点】 此题考查课堂教学分析能力。

    【解析】 课文第一段"每一个中华老字号都是一个品牌奇迹……最津津乐道的还是那些被人熟知的动人故事"是关键点。本篇课文讲的是"同仁堂"这一中华老字号的故事,因此,最适合拓展的话题主题是中华老字号背后的故事,选择 A。

33. **【答案】** B

    【考点】 此题考查语法点分析。

    【解析】 本课多次出现疑问句,如"你喜欢什么运动"属于特指问句,"你会不会踢足球"属于正反疑问句,"你最喜欢哪个球星"属于特指问句,"你想不想看"属于正反疑问句,"你猜哪个队会赢"属于特指问句,可见疑问句是本课需要重点学习的语法点。其他三项都不是重点,或没在此段出现。

34. **【答案】** C

    【考点】 此题考查疑问句类型判定。

    【解析】 正反疑问句就是用肯定和否定的词语相叠的方式提问,一般让人选择一项作答,例如"来不来""去不去"等。该句属于正反疑问句。是非疑问句结构上类似陈述句,只是要用上疑问语调或兼用语气助词,要求作肯定或否定的回答,如:"这事你不知道吗?"特指疑问句是用疑问代词代替未知部分的问句,要求对方就疑问代词代替的部分作答,如:"谁是最可爱的人?"选择疑问句是指提出两个或两个以上可能的答案供对方选择的句式,如:"你是要喝杜松子酒,还是威士忌,还是啤酒?"

35. 【答案】D

【考点】此题考查"怎么样"在句中的意义。

【解析】"不过踢得不怎么样"中的"怎么样"用于否定句,代替不说出来的动作或情况,是委婉的说法,例如"他的文章写得不怎么样"。"怎么样"亦可表达询问,如:"你最近怎么样?"但在此处不作此用法。

36. 【答案】D

【考点】此题考查会话合作原则。

【解析】"会话合作原则"是20世纪50年代初期格赖斯提出的,包括数量、质量、关系、方式四个准则。句(2)的回答"我女朋友要去听音乐会"故意违反了关系准则,看似与问句"你想不想看"无关,实则委婉地表达了不能看足球比赛的意思。格赖斯指出,在言语交谈中,双方都希望所说的话语能够互相理解,彼此总是要相互合作的,因此都须遵循"合作原则"来达到预期的目的。数量准则要求说话人所说的话语应当含有与当前交谈目的相关的信息内容,并且所言不多不少,既非不足,亦非啰唆;质量准则要求说真话,不说自知为虚假、证据不足的话;关系准则要求谈话内容切题;方式准则要求表达清楚明了,避免含混、歧义、冗长。

37. 【答案】B

【考点】此题考查"会"在句中的意义比较。

【解析】"会"有很多含义,句(1)的"会"是询问能力、是否擅于某件事,故选项B正确。句(3)中的"会"表达一种预测的可能性。

38. 【答案】B

【考点】此题考查汉字书写实例分析。

【解析】分析可知该名学生写汉字时常会增减笔画,如"或""我"的笔画有所减少、"多""每"的笔画有所增加等,故选B。同音字误用、错写偏旁部首的情况没有出现,单单讲增加笔画也不全面。

39. 【答案】C

【考点】此题考查偏误类型的判定。

【解析】这句话应改成"我觉得你应该更爱我",属于状中结构的偏误。句中没有动补结构和定中结构,动宾结构没有问题,故A、B、D选项有误。

40. 【答案】A

【考点】此题考查偏误类型的判定。

【解析】分析可知该名学生最常出现的偏误类型是遗漏,如"我想给你情人节的(情)书""可是我觉得你是一个很好(的)男朋友"。误代、错序、冗余的情况并未出现。

41. 【答案】C

【考点】此题考查教育心理学相关知识。

【解析】桑代克被誉为"教育心理学之父"。他是美国心理学家，动物心理学的开创者，心理学联结主义的建立者和教育心理学体系的创始人。他提出了一系列学习的定律，包括练习律和效果律等。

42. 【答案】A

【考点】此题考查著作和作者的对应。

【解析】《教育心理学》是桑代克的著作。《儿童的语言和思想》是皮亚杰的著作。《大教学论》和《语言学入门》都是夸美纽斯的著作。

43. 【答案】A

【考点】此题考查"尝试错误说"。

【解析】由"饿猫开迷笼"这一实验，桑代克总结的有关学习的理论是"尝试错误说"，又称"试误说"。其主要观点是：学习是一种盲目的、渐进的尝试与改正错误的过程，随着练习，错误的反应逐渐减少，正确的反应得以产生，于是在刺激与反应之间形成了一种稳固的联结。

44. 【答案】D

【考点】此题考查学习三定律。

【解析】桑代克在实验的基础上提出了三条学习定律：准备律、练习律、效果律。准备律指学习者在学习开始时的预备定势，当某一刺激与某一反应准备联结时，给予联结就引起学习者的满意，反之就会引起烦恼；练习律是指一个学会了的刺激反应之间的联结，练习和使用越多，就越来越得到加强，反之会变弱；效果律是指如果一个动作跟随着情境中一个满意的变化，在类似的情境中这个动作重复的可能性将增加，但如果跟随的是一个不满意的变化，这个动作重复的可能性将减少。

45. 【答案】C

【考点】此题考查教师组织教学的能力。

【解析】教师在授课时应遵循学习定律，将学生放在首位，而不是课程计划、学习任务等，故C选项的表述不当。其他选项是遵循学习定律的正确做法。

46. 【答案】B

【考点】此题考查教育心理学相关知识。

【解析】图（1）是德裔美国心理学家沃尔夫冈·柯勒，格式塔心理学派创始人之一，也是认知心理学、实验心理学等领域的先驱。柯勒通过对黑猩猩的实验，在学习理论上提出了著名的顿悟说，认为学习是个体利用自身的智慧与理解力对情境及情境与自身关系的顿悟，而不是动作的累积或盲目的尝试。

47. 【答案】A

【考点】此题考查学习理论中的"顿悟说"。

【解析】黑猩猩学会运用竹竿作为手杖取得目的物，柯勒将这种突然的领悟叫作"理解力"，这种学习称作"顿悟学习"。与桑代克的试误学习不同，顿悟学习是动物领会情境的关系而获得成功。认知发现说认为学习并不在于形成刺激与反应的联结，而在依靠主观的构造作用，形成"认知结构"。联结认知理论是联结理论和认知理论相结合的一种学习理论。

48. 【答案】C

【考点】此题考查心理学流派的判定。

【解析】20世纪初德国出现了反对构造主义的学派，即格式塔心理学，又称"完形学派"。德文"格式塔"的意思是"整体"。该派反对把意识化解为元素，主张把心理作为一个整体组织来研究，提出了"顿悟说"，认为学习是个体利用自身的智慧与理解力对情境及情境与自身关系的顿悟，而不是动作的累积或盲目的尝试。

49. 【答案】D

【考点】此题考查心理学相关知识。

【解析】格式塔心理学反对构造主义，反对把意识化解为元素，主张把心理作为一个整体组织来研究。D选项是构造主义学派的观点，A、B、C选项是格式塔心理学派的观点。柯勒是格式塔心理学的创始人之一，故不会赞同D的表述。

50. 【答案】A

【考点】此题考查心理学现象判定。

【解析】柯勒指出，动物在一种情境中发现或理解的动力关系模式，可以应用到另一种情境，被称之为迁移能力。反馈指的是学习者对自己学习结果的了解，而这种对结果的了解又起到了强化作用，促进学习者更努力学习；顿悟是一种突然的领悟，一般在主体清楚地认识到整个问题情境中各成分之间的关系时发生；记忆是过去经验在人脑中的反映，从信息加工观点来看，记忆就是对输入信息的编码、贮存和提取的过程。

第二部分 应用能力

实战训练一

51. 【答案】B

    【考点】此题考查词语的辨析。

    【解析】"方法"指具体的工艺、程序、步骤，侧重过程；"办法"指应对策略，侧重选择。因此两者的区别在于词义的侧重点不同。方法的含义较广泛，一般是指为获得某种东西或达到某种目的而采取的手段与行为方式。它在哲学、科学及生活中有着不同的解释与定义。办法一般是指处理事情或解决问题的对策，也是指有关机关或部门根据党和国家的方针、政策及有关法规、规定，就某一方面的工作或问题提出具体做法和要求的文件。

52. 【答案】D

    【考点】此题考查词语的辨析。

    【解析】"请求"指一般的要求，"恳求"指恳切的要求，即以一种诚恳真挚的态度请求对方帮助做事情。后者语义更重。因此是词义的轻重程度不同。

53. 【答案】G

    【考点】此题考查词语的辨析。

    【解析】"脚"在口语中常用，"足"书面色彩浓厚。两者存在语体色彩的差异。足，甲骨文字形，上面的方口象膝，下面的"止"即脚，合起来指整个脚。秦汉以前，"足"和"趾"都表示"脚"，"脚"表示小腿。魏晋以后，三者都表示脚，但在书面语中，多用"足"。

54. 【答案】A

    【考点】此题考查词语的辨析。

    【解析】"参观"的宾语对象一般是某个地方，指实地观看。"访问"的宾语对象通常是人，指探望询问。两者搭配宾语不同。

55. 【答案】C

    【考点】此题考查词语的辨析。

    【解析】"侵犯"的主体可以是人、动物、国家等，而"侵略"一般是由某个国家发起的。两者动作主体不同。侵犯，指以伤害他人或他物为目的的行为。侵略，指侵入并占领别国领土，掠夺其财物，奴役其人民的行为。

56. 【答案】F

    【考点】此题考查词语的辨析。

【解析】"生命"的词义范围包括动植物、人等一切生物体以及一切人们赋予其"生命"的事物,而"性命"专指人或动物的生命。两者词义范围不同。

57—63.【答案】F、G、D、C、E、A、B

【考点】57—63题是考查"被字句"的教学过程。

【解析】语法点的教学大致遵循"导入—讲解—练习—语法点延伸—操练巩固"的教学步骤。

首先,运用以旧引新的原则,利用"把"字句引入被动句,是一种较为科学有效的方式,便于学生进行两种句式的对比与理解。接着,展示"被"字句的句型结构,有利于学生造句和表达。然后,是设计基于情境的练习,包括看图说话和实境互动,进一步帮助学生掌握"被"字句的用法。随后引入否定形式,在前面的基础上,此时学生能很容易地理解与表达其否定用法。最后,是通过句型变换练习进一步巩固学生对"被字句"的理解与使用。总之,在讲解和练习"被"字句时,都应明确情境教学这一方式,包括利用教室道具、师生互动等,其次是贯彻循序渐进,由易到难的原则,如从肯定到否定的句式操练等,充分考虑学生的认知特点,采取更合适的教学顺序。

64.【答案】B

【考点】此题考查PowerPoint的相关知识。

【解析】PowerPoint中的"视图"表示显示幻灯片的方式。有普通视图、幻灯片浏览、阅读视图等。

65.【答案】A

【考点】此题考查对课文内容的解读。

【解析】本课大部分生词与休闲娱乐有关,如钓鱼、野餐、种花、养鱼等。羽毛球、保龄球等虽是体育运动,但也可以看作休闲活动,且数量较少。所以本课教学内容最有可能为介绍"休闲娱乐"的方式。

66.【答案】A

【考点】此题考查展示生词的方式。

【解析】常见的生词排列方式有:

① 按词群排列:意义上具有共同特点、相互联系的一组词。
② 按字的偏旁排列。
③ 按词类排列,如动态助词:了、着、过;结构助词:的、得、地。
④ 按生词在课文中出现的顺序排列。

将意义有相关性的词放在一起展示属于按词群排列的生词展示方法,材料中的生词彼此都有相关性,如球类运动、休闲活动等,适合按词群排列。

67.【答案】A

【考点】此题考查不同词语的教学方式。

【解析】一般形容词、副词等适合语境教学的方式,如"辛苦",教师可以先设置一个相对合适的情境，然后利用"辛苦"造句，让学生在语境中理解这个词。

68. 【答案】B

    【考点】此题考查分阶段听力技能教学的内容。

    【解析】中高级的听力教学应该注重意义与语感的培养，A、C、D都较适合初级听力教学，因此选B。

    听力训练分为语音训练和意义训练两个层次，语音训练方法又分为无外部反应和有外部反应两种，其中无外部反应中有静听法这一方法。静听法是指在语音训练中只要求学习者进行聆听和感知，并不要求学生做出反应。其中典型的例子有：初级阶段让学生聆听一些童谣；中高级阶段让学生欣赏优秀的朗读朗诵作品等。

69. 【答案】B

    【考点】此题考查听力教学中的提问方式。

    【解析】特指问句：也叫"特殊疑问句"，句中用"谁、什么、怎么、哪"等疑问代词代替未知部分，要求对方就疑问代词代替的未知部分作答，常用语气助词"呢"或"啊"，但不能用"吗"。听力教学的提问主要目的是测试学生是否听懂并理解材料，因此多用特指问句，如"谁拿了玛丽的笔"。

70. 【答案】B

    【考点】此题考查传统听力三部曲模式的内容。

    【解析】A、C、D都是改良后的听力三部曲模式的内容，它注重对背景知识的激活、激发兴趣，以及反思与评价。而B"学习材料中的所有生词"是传统模式所采用的。

	传统听力三部曲模式	改良听力三部曲模式
听前	学习听力材料中所有的生词。	激活背景知识，激发听力动机，讲解必要语言知识。
听中	泛听：听完回答问题（文章大意）。	泛听：听完回答关于内容大意的问题。
	精听：听完回答关于细节的问题。	精听：先告知学生具体任务和问题；听的过程中融入听力技能和策略教学。
听后	分析听力材料的语言；边听边复述。	关注语言形式，进行拓展性输出练习，对听力过程进行反思。

71. 【答案】C

    【考点】此题考查对口语训练方式的理解。

    【解析】完全控制法：教师对话题、情景、语法结构、词语等方面都有规定，学生自由发挥的空间几乎没有或很少。

基本控制法：教师确定话题，设置一定的情景，规定练习的功能项目和使用的句式，结构、词语可自由选择，类似于替换练习。

自由会话练习：由教师确定话题或情景或需要完成的任务，然后让学生自己编对话或表演，老师需要做好启发引导和纠正的工作。

通过对上述材料的分析，"即兴发表个人看法""电视访谈"等任务都属于自由会话练习的范畴。

72. 【答案】B

    【考点】此题考查对基本控制法的理解。

    【解析】基本控制法：教师确定话题，设置一定的情景，规定练习的功能项目和使用的句式，结构、词语可自由选择，类似于替换练习。

    选项B属于完全控制法的训练方式。

73. 【答案】B

    【考点】此题考查改良后的口语教学模式的内容。

    【解析】改良后的口语教学模式——基于特定主题的发言或讨论式。

    ① 老师确定主题，布置任务（有教材或无教材）。

    ② 学生轮流发言或小组讨论，教师讲评。

    ③ 延伸性写作任务（写提纲或完整发言稿）。

74. 【答案】C

    【考点】此题考查教师对课堂的处理方式。

    【解析】逢错必纠不仅会浪费课堂时间，还会打击表演者的自信心，是不合适的做法。因此此题选C。在课堂中，正确的做法是应当经常鼓励学生多说多练习，可以在学生表演完之后再指出其错误，也可以在课后指出。

75. 【答案】B

    【考点】此题考查对教师不同角色的理解。

    【解析】口语教学中训练方式的选择、任务的编写等都体现了教师设计者的角色。如材料中教师给出个人任务和小组任务，分别让学生即兴发表和表演，这些任务的发表即体现了教师对课堂教学的设计，包括准备听力文本等。

76. 【答案】C

    【考点】此题考查教师所应具备的正确的课堂行为。

    【解析】A选项容易影响学生的发挥，B、D选项会造成课堂气氛的沉闷，C是最佳选项，也体现了教师和学生的互动。教师在讲台上应该时常面带微笑，拉近与学生的距离，不能用严肃的目光盯着学生，给学生造成一定的负担，也不能一直固定在讲台上，应适当走动，加强与学生的互动和交流。

77. 【答案】C

    【考点】此题考查展示考题的正确方式。

【解析】用PPT展示考题需要学生具备一定的汉字认读能力，适合有一定汉语基础的学生，不适用于零基础的学生，学生正确识读PPT上的汉字并理解其含义是顺利进行测试的前提。

78. 【答案】D

【考点】此题考查对教师在不同课堂中角色的理解。

【解析】在竞赛类的课堂中，学生是主导者，课堂活动应该以学生为主，包括抢答环节等；教师是活动的设计和组织者，包括思考如何更好地进行这次竞赛以及为这次竞赛做一些事前准备等。

79. 【答案】A

【考点】此题考查教师的课堂组织能力。

【解析】在竞赛的分组中，应该维持差异的最小，保持两队的汉语水平相当有利于活动的顺利进行而不至于出现冷场的局面，也有利于保持良好的活动氛围。因此选A。

80. 【答案】B

【考点】此题考查教师对课堂环节的设置。

【解析】因为是对外汉语课堂，因此在热身环节老师再次强调重点内容有利于学生的进一步理解和活动的展开。强调重点内容相当于给学生复习一遍所学内容，有利于知识的巩固，在竞赛中学生也能更好地回答问题。

81. 【答案】C

【考点】此题考查教师的课堂组织能力。

【解析】起队名这一环节也应该体现学生为中心的原则，并且要充分运用汉语，因此选项C不正确。

　　课堂教学是一门艺术，是一种创造性的劳动。一名教师要真正做到"传道有术、授业有方、解惑有法"，课堂教学就会产生事半功倍的效果，让学生在轻松、愉快的氛围中掌握知识，从而尽可能充分提高课堂教学的质量。

82. 【答案】C

【考点】此题考查课堂中游戏设计的相关内容。

【解析】游戏是对外汉语课堂的环节之一，老师在游戏中要充分发掘学生的优点，不应该揪着小错不放，这样容易打击学生的自信心。因此选项C不正确。游戏设计有以下四个原则：

① 目的性原则；

② 针对性原则；

③ 难易适度，尽量展示学生的长处，避免暴露学生的缺点；

④ 全体学生积极参与。

83. 【答案】C

【考点】此题考查对留学生作文的分析能力。

【解析】"我觉得弹吉他的是有点儿难""现在我的弹吉他弹得不错""我在外

面的时候跟朋友常常打羽毛球还是打篮球"等句都出现了明显的语法错误，因此全篇语法结构方面的偏误最突出。以上的偏误应分别改为"我觉得弹吉他有点儿难""现在我弹吉他弹得不错""我在外面的时候常常跟朋友打羽毛球或者打篮球"等。

84. 【答案】D

【考点】此题考查评判留学生作文的能力。

【解析】本文在表达连贯性方面问题不大，主要是错别字（"踢足球"的"踢"字错写）、创新（基本没有创新之处）、词汇多样性（用词较为基本，没有特别抓人眼球的新词）方面出现了失分点。

85. 【答案】A

【考点】此题考查对外汉语写作教学的原则。

【解析】对外汉语写作教学的原则大致有如下几个：

① 综合性原则（教学内容、训练方式、教学方法）

② 群体性原则（课堂组织形式、多种交流形式）

③ 个体性原则（有选择余地的命题、针对性批改。关注学生的个性特点）

④ 规范性原则（汉字书写规范化、标点符号和书写格式规范化、语言运用规范化）

⑤ 协调性原则（循序渐进与拓展调整、材料运用的协调、学生之间和师生之间的协调）

⑥ 交际性原则（写作训练内容突出实用性、课堂训练的组织形式方面）

"有选择余地的命题"照顾了学生的个体差异，"有针对性的批改"是指不同学生不同分析，体现了写作教学的个体性原则。

86. 【答案】D

【考点】此题考查群体性原则的具体表现形式。

【解析】群体性原则：

① 课堂组织形式：

分组阅读并讨论语言运用、结构等特点

小组讨论写作计划

班级辩论

描述与表演

共同找材料写作

② 多种交流形式：

交流写作内容

安排阶段性作文展示活动

交流写作感受

交流写作意图

D选项无法体现"群体性"原则，命题作文是个人独立完成的任务。

87. 【答案】B

【考点】此题考查学生作文中词汇偏误的类型。

【解析】"惋惜"书面色彩偏重，此处应用较为口语化的"可惜"较为合适，因此属于词汇色彩风格方面的偏误。学生作文中的词语偏误类型主要有：

① 近义词误用

② 词性误用

③ 搭配不当

④ 词语的色彩风格问题

⑤ 生造词语

88. 【答案】C

【考点】此题考查更正性反馈的类型。

【解析】诱导：通过提问诱导学生说出正确的句子。

明确纠正：直接指出错误并告诉学生正确的形式。

重复：用升调重复学生的偏误，以引起学生的注意。

重铸：把学生的偏误句用正确的形式重述一遍，不改变原来的意思。

89. 【答案】B

【考点】此题考查社交写作的类型。

【解析】选项应紧扣题干中的"社交"二字，因此选B。A属于个人写作，C属于学习研究写作，D属于公文写作。写作教学中涉及的基本语篇类型有：个人写作（日记、备忘录等）、公共写作（信件、申请等）、创作写作（诗歌、戏剧等）、社交写作（书信、邀请、祝贺等）、学习研究写作（概述、评论等）、公文写作（发言稿、议程等）。

90. 【答案】D

【考点】此题考查影响跨文化交际的因素。

【解析】分析材料可知A、B、C都是造成汤姆扰乱课堂行为最可能的因素，包括来到新的环境、教学模式的差异、小孩子容易缺乏自制力等，而从"已经同班级部分学生很熟悉了"一句可判断D的影响是最小的。

91. 【答案】C

【考点】此题考查处理留学生问题行为的策略。

【解析】对于留学生的问题行为，考虑到对学生的尊重，不应该直接批评。可以通过和学生沟通或者寻求上级帮助等方式妥善合理地解决。直接批评会对学生造成心理上的影响，有时候会适得其反，因此在课堂上直接指出并要求改正的做法是不合适的。

92. 【答案】C

【考点】此题考查处理留学生问题行为的正确做法。

【解析】A、B、D选项都会对小孩子的心理造成一定影响，尤其是通过和其他孩子的比较。A选项会让汤姆感到没有被平等对待，而B则会让汤姆的自尊心受挫，D选项在小孩子的课堂中也不合适。因此C是最佳选项。

93. 【答案】A

    【考点】此题考查对各课堂教学模式类型的理解。

    【解析】学生为中心，教师为主导的教学模式是汉语课堂中普遍运用的模式。它强调学生是学习的主体，在教学中应该充分关注学生主观能动性的发挥，把学习的主动权交给学生。教师应该以教学活动组织者、参与者和研究者的身份，引导学生根据已有的知识和经验，逐步构建和形成自己的知识框架。在上述案例中，苏新老师在给学生上国画课的时候，只是简单讲解了国画知识，而将重点放在游戏和临摹环节，让每个学生都参与进来，强调了学生的主体地位。整个教学过程中教学内容的设置、教学活动的安排体现了教师在课堂中的主导地位。

94. 【答案】B

    【考点】此题考查分析课堂问题的能力。

    【解析】通过分析材料可知，汤姆聊天、破坏教学用具的行为已经影响到了其他同学正常上课，而且让玛丽忍无可忍，直接举手向老师反映问题。苏新老师首先应该对汤姆的行为加以制止和管理，保证相对稳定的教学秩序，让其他同学能正常上课，避免造成教学失误。课后可以通过找汤姆谈心等方式进一步解决问题。

95. 【答案】A

    【考点】此题考查对"文化休克"的理解。

    【解析】"文化休克"（culture shock）这一术语专门用来形容在跨文化交际中出现的因语言障碍而产生的焦虑甚至不理智的行为。

    "文化休克"是1958年美国人类学家奥博格（Kalervo Oberg）提出来的一个概念，指一个人进入到不熟悉的文化环境时，因失去自己熟悉的所有社会交流的符号与手段而产生的一种迷失、疑惑、排斥甚至恐惧的感觉。"休克"本来是指人体重要功能的丧失，如身体失血过多，呼吸循环功能衰竭等。但是，当一个长期生活于自己母国文化的人突然来到另一种完全相异的新的文化环境中时，其在一段时间内常常会出现这种文化"休克"的现象。文化冲突，指两种或两种以上的文化相互接触所产生的竞争和对抗状态。比如，中西在时间观方面的冲突等。文化碰撞指不同文化相遇，产生的排斥或交融现象。文化入侵指一个国家或民族对他国或另一民族通过文化改造和思想改造达到的征服行为。

96. 【答案】C

    【考点】此题考查造纸术的相关知识。

    【解析】造纸术于公元12世纪传入欧洲。欧洲人是通过阿拉伯人了解造纸技术的。最早接触纸和造纸技术的欧洲国家是一度为阿拉伯人、摩尔人统治的西班牙。公元1150年，阿拉伯人在西班牙的萨狄瓦建立了欧洲第一个造纸场。

97. 【答案】B

【考点】此题考查古代医学的相关知识。

【解析】望、闻、问、切是古代医学中的"四诊"。望闻问切是中医用语。望，指观气色；闻，指听声息；问，指询问症状；切，指摸脉象。

98. 【答案】B

【考点】此题考查造纸术的相关知识。

【解析】造纸术被称为中国古代四大发明之一，是促进人类文化传播的伟大发明，相传是由东汉时代的蔡伦（63—121）所发明的，但是也有考古证据说明，造纸术早就存在，蔡伦只是改进造纸术的重要发展者，使造纸的成功率更高，成本更低。

99. 【答案】A

【考点】此题考查中国古代建筑的特点。

【解析】左右对称是中国古代建筑布局最显著的特点。B、C、D选项不属于布局方面，是总体的建筑风格和特点。

100. 【答案】A

【考点】此题考查古代天文历法的相关知识。

【解析】使用干支记日的方法商朝就已出现。中国古历采用阴阳合历，即以太阳的运动周期作为年，以月亮圆缺周期作为月，以闰月来协调年和月的关系。古人根据太阳一年内的位置变化以及由此引起的地面气候的演变次序，把一年又分成24段，分列在十二个月中，以反映四季、气温、物候等情况。

实战训练二

51.【答案】C

【考点】此题考查感应气息法在语音教学中的运用。

【解析】"b/p、d/t、g/k、j/q、z/c、zh/ch"中，斜线前为不送气音，斜线后为送气音，两者的差别在于发音时呼出气流的强弱。发音时呼出气流较弱的音称为不送气音；发音时呼出气流较强的音称为送气音。感应气息法常常用于两者的对比教学，即拿一张纸条或把手掌放在嘴前，适当延长发音时间，同时感应发音时的气流强弱，以区别送气音和不送气音。

52.【答案】A

【考点】此题考查带音法在语音教学中的运用。

【解析】带音法，也叫"过渡法"，指的是用一个容易发的音引出另一个相关的发音部位相近的而且难发的音。这是语音教学中用得很多的一个方法。"sh"和"r"发音部位相同，在发"sh"的音时，可以拖长发音时间，舌头不要动，使声带略略振动，便可以发出"r"的音来。另外，带音法还可以用于 o→e 和 i→ü。

53.【答案】E

【考点】此题考查渐进法在语音教学中的运用。

【解析】渐进法指的是循序渐进，先教授容易发的音节。当 h 与韵母 a 及以 a 开头的韵母相拼时，一般干扰比较少；而 h 与韵母 u 及以 u 开头的韵母相拼时，干扰就比较大。因此最好由易到难，先练习与 a 开头的韵母相拼，再练习与 u 开头的韵母相拼。

54.【答案】F

【考点】此题考查夸张法在语音教学中的运用。

【解析】鼻韵母是语音教学中的一个难点。发后鼻音-ng 时，舌头后部应高高隆起，舌根尽力后缩，抵住软腭。留学生发音时容易找不到舌位。教师让学生直坐仰头迫使舌体往口腔后部移动，下腭尽量向下，通过这种夸张的方式，可帮助留学生发出-ng。

55.【答案】B

【考点】此题考查手势法在语音教学中的运用。

【解析】手势法是语音教学中的一个常用方法。教四声时，教师可以带领学生一边用手指按照四个声调来摆动，一边随之发音。手势法还常常用于比较一组不同的音。比如，教 zh、ch、sh 时，教师可以结合发音部位图，借助双手模拟舌头和上腭，让学生直观地看到这一组声母发音时不同的舌位和运动过程。发 zh 和 ch 时，下面的手指弯曲，先顶住上面手指的中部，再分开；发 sh 时下面的手指弯曲，接近但不碰上面手指的中部。

56—60. **【答案】** C、A、E、B、D

【考点】 此题考查"被"字句的教学顺序。

【解析】 "被"字句是指在谓语动词前用介词"被（叫、让、给）"引出施事或单用"被"的被动句，属于受事主语句的一种。在教"被"字句时，如果没学过"把"字句，可以利用已学过的"主＋动＋补"格式及其相应的公式来帮助展示"被"字句，如：

弟弟弄坏了电脑。≈电脑被弟弟弄坏了。
$N_1＋VP＋N_2$　　　　$N_2＋被＋N_1＋VP$

然后教师可以继续给出一系列"主＋动＋补"格式的句子，让学生将它们转换成"被"字句，如：

① 小偷偷走了我的钱包。→_____
② 他弄乱了房间里的东西。→_____
③ 老师批评了他一顿。→_____

在这个基础上，教师让学生或者自己来对比并说明"主＋动＋补"句与"被"字句在词序和意义上的异同，如：

	"主＋动＋补"句	"被"字句
相同点	都有某个动作造成某个人或事物移位，处于某种状态，产生某种变化或结果的意思。	
	除非本身含有结果义，否则VP不能是单个动词，后面需要有表示结果、趋向、数量的词语或"了"。	
不同点	"主＋动＋补"句是主动句	"被"字句是被动句
	句首的名词是动作发出者	句首的名词是确指的动作接受者
	确指的动作接受者不可省略	"被"后是动作发出者，通常可以省略

这样一来，就加深了学生们对"被"字句的结构和意义的理解，同时也复习了"主＋动＋补"句。

理解了"被"字句的意义和用法之后，还需要继续练习。练习的方法之一就是采用扩展法，将教师给出的词语组织成完整的"被"字句，如：

① 钥匙　　我　　　弄
② 摔　　　杯子　　妹妹
③ 猫　　　鱼　　　吃

再进一步就应该设置情景，让学生根据情景用"被"字句说明情况或回答问题，如：

①师：昨天你的同屋借了你的自行车，可他不小心弄丢了。老师看到你走路

来教室，问：你今天怎么不骑车？你怎么回答？

生：我的自行车被我的同屋弄丢了。

②师：昨天你在十字路口因为没注意看红灯继续往前走，结果一个小伙子骑车撞伤了你，警察还罚了你10块钱。你的同学知道了这件事，问：听说你昨天碰到了倒霉的事，是吗？你怎么告诉他你昨天碰到的倒霉事？

生：昨天我在十字路口因为没注意看红灯继续往前走，结果被别人的自行车撞伤了，还被警察罚了10块钱。

61. 【答案】B

【考点】此题考查专项技能型教材的知识。

【解析】汉语技能包括通用汉语和专用汉语。相应的，技能类教材可以分为通用汉语教材和特殊用途汉语教材两类。其中，通用汉语技能包括听、说、读、写、译。根据训练技能的类别的不同，教材的编写也有很大的不同。像口语、阅读、听力、写作、翻译类教材，如《汉语口语速成》《体验汉语（写作篇）》等以某一项技能为主的教材属于专项技能型教材，故B正确。

62. 【答案】A

【考点】此题考查综合型教材的知识。

【解析】通用汉语教材中，与专项技能型教材相对的是综合型教材。像《汉语教程》《桥梁》等，在一本书中涵盖语音、语法、词汇、汉字等要素和听、说、读、写技能的教材，属于综合型教材，故A正确。

63. 【答案】C

【考点】此题考查语言专业知识教材的知识。

【解析】语言知识教材可以分为基本的语言要素教材和语言专业知识教材。语言要素教材一般用于汉语的预科教学、进修教学、本科的一二年级，如汉字教材、语法教材、词汇教材。语言专业知识教材级别比较高，像《现代汉语》《古代汉语》等都属于这类教材，一般用于汉语高级阶段的教学，如汉语言专业的三四年级，故C正确。B项的专业汉语教材，是为了让学生用汉语学习某个专业，如《科技汉语听说》《医用汉语》等。在基础汉语教学基本完成或进行到某一个阶段的时候，常常开展此类教学。

64. 【答案】D

【考点】此题考查文化知识教材的知识。

【解析】知识类教材中，除了语言知识教材外，还有其他知识教材。主要包括文化知识教材和其他一些专门知识教材。像介绍中国概况、文化、历史、风俗、文学等的教材都属于文化知识教材，故D正确。其他专门知识主要是专业知识和职业知识，这类教材目前还比较少。

65. 【答案】A

【考点】此题考查汉语教材的分类。

【解析】
- A. 结构型：以结构为纲，根据语法或句型结构的难易程度和词语分布安排教学内容及顺序。代表教材是《汉语教程》，故 A 正确。
- B. 功能型：以功能为纲，根据功能项目的常用程度安排教学内容及顺序。代表教材是《说什么和怎么说》。
- C. 结构—功能型：以结构安排为基础，同时考虑到结构所表达的功能，使结构应用于一定的功能。代表教材是《新实用汉语课本》。
- D. 功能—结构型：由功能占支配地位，在一定的功能下教结构。代表教材是《汉语会话301句》。

66. 【答案】A

【考点】此题考查教材编写原则的知识。

【解析】针对性指的是教材要适合使用对象的特点。最基本的特点是，不同母语、母语文化背景与目的语、目的语文化对比所确定的教学重点不同，故 A 正确。

67. 【答案】D

【考点】此题考查对对外汉语教学根本目标的把握。

【解析】掌握汉语的基础知识和基本技能，培养运用汉语进行交际的能力，这体现了语言教学的根本任务和对外汉语教学的目的。为了达到培养语言交际能力的目标，应当注意：

首先必须把语言当作交际工具来教和学，尽可能做到如交际法所提倡的"教学过程交际化"，鼓励学习者创造性地运用语言表达自己的思想。

能力的培养离不开知识的掌握和技能的训练，语言知识的学习、语言规则的内化是形成语言交际能力必不可少的条件。

培养交际能力需要运用实际生活中真实的语言材料。

因此，对外汉语教学的根本目标是培养汉语交际能力，故 D 正确。

68. 【答案】C

【考点】此题考查 5C 标准的内容和含义。

【解析】《外语学习的标准：迎接21世纪》（1996）文件提出了用来概括21世纪第二语言教育的目标和学习标准的5个"C"：Communication（运用语言进行交际）、Cultures（体认多元文化）、Connections（贯连其他学科）、Comparisons（通过比较了解语言文化的特性）、Communities（应用于国内和国外的多元社区）。

69. 【答案】C

【考点】此题考查 HSK 考试听力速度的知识。

【解析】汉语水平考试（HSK）对教学有着重要的导向作用，HSK 听力部分的语速标准对听力教学应该是一个重要的参考。HSK 四级的听力语速是153字/分钟，HSK 五级是166字/分钟，HSK 六级是234字/分钟。教师可以适当提高初中等听力教材和教学的语速，可使教学与 HSK 的关系更加紧密。

70. 【答案】B

【考点】此题考查认知学习策略的知识。

【解析】实践：学习者通过大量练习或言语交际活动，从模仿、重复、记忆到运用，以熟练地掌握目的语。

监控：学习者发现自己的语言方面或交际方面的错误并自行加以纠正。

评估：根据反馈的信息，自我检查和评估学习策略的运用和学习的成绩、效果。

调节：根据评估结果，调节学习策略和学习进度，对已出现的问题提出弥补措施。

71. 【答案】A

【考点】此题考查跨文化交际中对待不同文化的正确态度。

【解析】对待非本民族文化的态度不仅对第二语言学习者来说十分重要，对语言教师也同样重要。这不仅关系到第二语言学习，而且是 21 世纪人才素质培养的一项主要目标，具体包括：

① 尊重不同文化。
② 理解与适应目的语文化。
③ 求同存异对待文化冲突。
④ 外为我用，发展本国文化。
⑤ 从跨文化交际的需要出发，选择文化依附。所谓文化依附，指的是人们言行所代表和体现的是哪一种文化。

A 项用母语文化衡量别的文化，往往容易形成母文化的思维定式和优越感。凡不符合这一标准的就难于理解和接受。这种文化定势思维是直接影响跨文化交际的因素。故选 A。

72. 【答案】A

【考点】此题考查词汇教学方法的选择和运用能力。

【解析】形象法就是不用语言来解释词义，而是用实物、图画、动作等来帮助学生理解词义。教"笔"时，教师可以直接用实物或图片展示"笔"的词义，既直观又节省教学时间，故 A 正确。

翻译法就是用学生的母语对汉语的词义进行解释。例如：伯伯——father's elder brother。

汉语法就是用汉语来解释词语的意义，这是解释词语时最常用、最主要的方法。例如：丑——不美。

搭配法通常用来辨析两个近义词的意义和用法的不同。例如，"采取"和"采用"的辨析：

采取正确方法（√）　　　　采用正确方法（√）
采取合法手段（√）　　　　采用合法手段（√）

采取正确态度（√）	采用正确态度（×）
计划已经被大家采取（×）	计划已经被大家采用（√）
采取新技术（×）	采用新技术（√）

73. 【答案】B

   【考点】此题考查学习分类的知识。

   【解析】上位学习：如果新学习的命题是认知结构中原有的有关概念和命题的进一步归纳与总括，即新学的概念和命题在抽象性、概括水平方面高于原有的有关旧知识，那么这种新的命题学习实际上则是进行的上位观念学习。

   下位学习：如果新学习的命题观念是认知结构中原有的有关概念和命题的具体化或精确化，那么这种新的命题学习实际上则是进行的下位观念学习。

   表征性学习：学习单个符号或一组符号的意义，如"上海"表示一个城市，"车祸"表示一类事件。

   并列结合学习：如果新学习的命题与认知结构中原有的有关概念和命题既不是类属关系又不是总括关系，而是并列联合关系时，便产生并列结合学习。

   教师在教了"笔"之后又介绍"钢笔、铅笔、圆珠笔、毛笔"，体现了一个从一般到个别，从抽象到具体的过程，是下位学习，故B正确。

74. 【答案】C

   【考点】此题考查对汉语词汇水平的把握。

   【解析】《新汉语水平考试大纲》是现代汉语水平考试、课堂教学等的重要依据，新汉语水平考试（HSK）分笔试和口试两部分，其中笔试被划分为一至六个等级，各级的词汇量分别为150、300、600、1200、2500、5000。其中，"温柔"是一个五级词，故C正确。

75. 【答案】C

   【考点】此题考查辨析近义词的能力。

   【解析】"温柔"和"温顺"的差异主要是语素"柔"和"顺"的意义不同。"温柔"侧重"柔"，强调性格柔和；"温顺"侧重"顺"，强调顺从听话。故C正确。

76. 【答案】B

   【考点】此题考查利用形义关系进行汉字教学的能力。

   【解析】"看"是一个会意字，教师通过分析构字部件来说明整字的意义。此题中，A、C、D项都是形声字，只有B项"采"是会意字。教师可以用同种方法来解释"采"，具体如下：

采，会意字。"⺥"即爪，采字表示手在木上采摘，如采茶、采花。引申为取得之义，如采访、采纳、采风。采作偏旁的字：菜、踩、睬、彩等。

77.【答案】B

【考点】此题考查选取合适例句解释词义的能力。

【解析】转义由基本义直接或间接转化而来。此题中，"看"的意思分别是：A 项"观看"，B 项"观察并作出判断"，C 项"访问、看望"，D 项"请医生诊断"。"我看今天不会下雨"意思是通过"我"的观察判断今天不会下雨。故 B 正确。

78.【答案】D

【考点】此题考查偏误分析能力和教学反思能力。

【解析】句中"跌落"太书面化，可改为通俗易懂的口语词"摔下来"；"耐性"可改为"耐心"，更适合口语语体；"命令"最好改为"让"，更符合口语的语境与风格。因此，这位学生的用词偏误启示教师要注重讲解词汇的语体色彩，故 D 正确。

79.【答案】B

【考点】此题考查汉语词汇的特点与对外汉语教学的关系。

【解析】汉语作为第二语言学习的难点，体现在词汇方面主要是：有大量的同义词和近义词，有丰富的量词和语气词，大量的固定的四字成语，古语词。还有汉语的外来词绝大部分都经过汉语构词法的改造，大多与原文相去甚远。

而另一方面，汉语作为第二语言学习的有利因素，体现在词汇方面主要是：汉语的词音节少，便于记忆；词汇结构方式以词根复合法为主，由大多数本身就能独立成词的单音节语素结合而成，词义与语素义有关；汉语构词法灵活，与由词结合为词组的造句法基本一致，都是偏正、并列、述宾、述补、主谓五种结构类型，组合简易；汉语常用词覆盖率高。

因此，B 项是有利因素，而不是难点，故选 B。

80.【答案】A

【考点】此题考查对不同词语、句式等教学阶段的把握。

【解析】在题中可以发现组织语言的参考词语和句式分别有："听说""没想到""开公司""一……就……""麻烦你……""是……的""对……感兴趣"。这些词汇和句式大多较为基础，是初级阶段就会学习到的内容，故 A 正确。

81.【答案】C

【考点】此题考查分析口语训练层次的能力。

【解析】会话是人们进行社会交际的最基本的言语形式，也是第二语言教学的一个重要内容。会话练习在初中高级口语教学中普遍使用，尤其是初级阶段，口语课文多以会话形式出现，课堂训练也以会话形式为主。此题中，学生三人一组练习打电话请熟人帮助找工作，属于会话训练，故C正确。

82. 【答案】B

【考点】此题考查口语教学中练习方法的知识。

【解析】完全控制法：教师对话题、情景、功能、语法结构、词语等各方面都有规定，学生自由发挥的空间几乎没有或很少，例如简单的通知或转告。

基本控制法：教师确定话题，设置一定情景、规定练习的功能项目和使用的句式、结构，词语可以自由选择，例如用相关图片请学生编对话。

自由会话练习：由教师确定话题或情景或者需要完成的任务，然后让学生自己编对话或表演，教师需要做好启发引导和纠正的工作。

成段表达练习：包括把句子组织成语段和把语段组织成语篇的练习，主要在中高级阶段进行，例如自由说话和演讲。

本案例中虽然规定了一定的参考词语和句式，但并不是严格限定的，学生也可自由选择其他词语和句式进行表达，有一定的发挥空间，故属于基本控制法。

83. 【答案】C

【考点】此题考查口头表达能力等级的知识。

【解析】《国际汉语能力标准》以"能做某事"作为语言能力描述的出发点，同时对口语和书面语能力进行描述和等级的界定。它将口头表达能力分为如下五级：

等级	口头表达能力
一级	说出个人基本信息；询问时间、日期、列车时刻、对方地址和电话。
二级	询问他人爱好；说出自己身处的方位；描述丢失物品的特点；询问旅游安排。
三级	介绍自己的同事、朋友，自己的假期生活；接听电话或留言；询问商品功能。
四级	谈论自己的工作；说明饮食习惯；描述自己的一次特殊经历；比较两个单位的异同。
五级	介绍某种职业的特点；谈论自己喜欢的电影；讲述名人轶事；陈述自己的研究课题。

因此，接听电话是汉语口头表达能力三级的要求，故C正确。

84. 【答案】A

【考点】此题考查口语课堂教师点评学生表达的角度。

【解析】教师需要对学生的口语表达进行优缺点的评价，主要从如下几个方面入手：

① 意义表达方面的问题（意义逻辑性、准确性、流利性）；

②语言结构方面的问题（准确性、多样性、语音语调、句式）；

③语用方面的问题（得体性、交际性、交际对象）。

因此，逻辑性是教师针对学生意义表达进行评价的角度之一，故A正确。

85. 【答案】A

    【考点】此题考查课堂问题处理能力。

    【解析】口语课上教师常会遇到一种困境：一些语言水平较低的或者性格较内向的学生比较沉默，参与课堂的主动性不够。针对这个问题，最适合的解决方法是将该类学生放在小组中让其表达。这样做，一是有利于缓解该类学生成为焦点的焦虑；二是共同的小组任务可以使该类学生产生一种责任感，帮助他们主动克服障碍，参与到训练中。

86. 【答案】B

    【考点】此题考查教师自我意识的相关知识。

    【解析】对外汉语教学属于外语教学，因此对教师课堂教学语言的要求非常高。使用课堂语言，教师应注意在进行指令、讲解和提问时化繁为简，特别是讲解语言点时，解释性的语言应该易于学生对被解释语言点的理解。教师应该注重话语的质量，控制语言输出的比例。以口语课为例，教师话语一般应占20%—30%为宜。另外教师应该尽量克服口头禅、过多重复等不良的语言习惯。

87. 【答案】A

    【考点】此题考查对口头报告评分细则的把握。

    【解析】口头报告通常是汉语口语测试的第一题，作为热身题，主要是引起学生交流的兴趣，题目不会过难、过复杂。比如："你喜欢做家务吗？""你在家里都做些什么事情？"学生没有准备时间，围绕话题简答即可。发言切题是最重要和最基本的一条评分标准。

88. 【答案】A

    【考点】此题考查对教学对象的把握。

    【解析】这首童谣充满了趣味性，不仅能活跃课堂气氛，还能帮助学生扩大词汇量，适合初级班的学生，尤其是少年儿童学生，故A正确。通过朗读背诵歌谣来学习词汇和语法是儿童习得母语的常用方法，第二语言教学也可以借鉴。

89. 【答案】B

    【考点】此题考查分析教学目的的能力。

    【解析】学唱耳熟能详的歌谣，主要是为了帮助学生掌握汉语句子，并通过替换练习来扩大学生的词汇量，同时，通过课堂活动提高学生学习汉语的兴趣。但是，学唱歌谣并不是该课堂活动的目的而只是手段，故选B。

90. 【答案】D

【考点】此题考查对教师角色的理解。

【解析】对外汉语教师不仅仅是知识的传授者，在课堂教学和活动中的其他作用也是不可忽视的。教师在课堂教学中调动学生学习的主动性和积极性，体现了教师管理者的角色，这也是课堂教学的任务之一，故 D 正确。教师可以通过调整、变化练习方式、活动类型等，维持学生对课堂的新鲜感。正确认识、准确把握对外汉语教师角色的定位，有利于教师顺利地进行课堂教学实践。

91. 【答案】D

【考点】此题考查屏蔽效应假说的知识。

【解析】情感过滤假说也称屏蔽效应假说。第二语言学习者在学习和日常生活中输入的语言信息并不都被吸收。第二语言课堂学习也总是输入大于吸收。人类头脑中这种对语言的堵塞现象，是由于情感对输入的信息起到了过滤作用，称为"情感过滤"。而造成这种过滤的主要是一些心理因素，如学习的动力，对所学语言的态度，自信心，是否紧张焦虑，是否处于防卫状态，怕出丑甚至精神和身体状况不佳都能产生屏蔽效应，挡住输入。这启示对外汉语教师要在课堂活动过程中营造轻松愉快的氛围，增强学生汉语学习的动机和自信心。

92. 【答案】B

【考点】此题考查对课堂偶发事件的应变策略和技巧。

【解析】每当学生交头接耳或过于吵闹时，教师面对此类行为可以选择一言不发，沉默几秒钟。学生发现教师突然不说话了，也会觉得很不自在，于是渐渐地安静下来。故 B 正确。而利用目光注视，使学生意识到教师的暗示主要是针对个别学生注意力不集中、上课睡觉、交头接耳等行为。

93. 【答案】C

【考点】此题考查文化差异类型的判定。

【解析】关于工作待遇、家庭婚姻情况等问题属于个人隐私范畴，中西方对个人隐私观念的不同造成了文化差异。

94. 【答案】B

【考点】此题考查文化差异类型的判定。

【解析】"定势"一词最早由沃尔特·李普曼提出，也即我们熟悉的一个传播学名词"刻板印象"，指的是人们对特定事物所持有的固定化、简单化的观念和印象。当人们对别人形成定势时，会根据该人群的特征做出断言。偏见指一种基于错误和僵化的定势而对他人持否定态度，是在事实调查之先就已经形成的判断，或不成熟的判断与评价。该题表述中对日本民族性的评价属于定势与偏见。

95. 【答案】E

【考点】此题考查文化差异类型的判定。

【解析】跨文化交际是建立在不同文化基础之上的交际，其交际风格可以影响和左右整个跨文化交际过程的建构，分析清楚东西方在跨文化交际过程中的交际风格，有利于正确对待东西方的文化差异，实现和谐交往的双赢目标。该题表述属于交际风格的差异。

96. 【答案】A

【考点】此题考查文化差异类型的判定。

【解析】题中表述中西方对于作画的不同理解和实践表现了审美观念的差异。由于各民族的地理位置、气候环境、物质条件的种种差异，直接或间接造成文化习俗的不同，也相应造成了审美观念的差异，但这种差异不是对抗的，如今的世界，各种文化交流融合，审美观总体上也在交流和融合。

97. 【答案】A

【考点】此题考查中国历史基础知识。

【解析】1684年，清政府设置了台湾府，隶属福建省。台湾府的设置，加强了台湾同内陆的联系，促进了台湾的发展。

98. 【答案】B

【考点】此题考查中国近代历史知识。

【解析】1898年，光绪皇帝接受康有为、梁启超建议，推行"戊戌变法"，但受到以慈禧太后为首的保守派阻挠，历时103天即结束，史称"百日维新"。公车上书，是指康有为、梁启超率数千名举人联名上书，反对在甲午战争中败于日本的清政府签订丧权辱国的《马关条约》的事件；百团大战是中国抗日战争中中国共产党领导的著名战役；秋收起义是继南昌起义后，中国共产党领导的又一次著名的武装起义。

99. 【答案】B

【考点】此题考查古代历史知识。

【解析】金文是指殷周时期铸刻在青铜器上的铭文，也叫钟鼎文。根据毛公鼎属于青铜器、时间为西周晚期可以推测。

100. 【答案】C

【考点】此题考查书法相关知识。

【解析】《快雪时晴帖》是东晋书法家王羲之的作品，以行书写成，内容是作者写他在大雪初晴时的愉快心情及对亲朋的问候。

第三部分　综合素质

说明：本部分为情境判断题，主要考查考生的个人态度倾向，没有统一的标准答案。

情境判断题答题思路

思路一：判断案例中所涵盖的处事原则

1. 文化与跨文化交际类案例主要原则：
   (1) 坚持本民族立场，尊重别国文化。
   (2) "可以不融入，但必须理解；可以不赞同，但必须沟通"。
   (3) 遇到问题要以合理的方式维护自身权益。
2. 课堂教学管理类案例主要原则：
   (1) 以学生为中心；
   (2) 遇事不回避、积极沟通交流；
   (3) 多反思。

在答题过程中，必须结合一定的处事原则来分析所给陈述，进而选择认同度。若行为与原则基本相符，则可以在非常认同与比较认同中选择；若行为与原则相悖，则在非常不认同与比较不认同中考虑。

思路二：情境代入是有效的判断方法

抛开个人的习惯思维及处事方法，把自己放入所给情境中，基于所学知识理论进行判断。

如果仅仅代入案例主人公还是无法判断，则可以尝试变换身份去考虑，从案例中提及的不同人物角度思考，是否能接受描述的做法。

要牢记并不是问现实中的你自己会怎么做，而是出题人认为你应该怎么做。

思路三：选择答案的技巧

1. 实事求是。

第三部分综合素质题有心理测试的性质，为了保持前后立场一致，当时是怎么想的，就怎么回答。认同就选认同，不认同就选不认同，只有在确实情况不明或无法判断时方可选择不确定。

2. 慎选"不确定"。

切忌因不知如何选择而选"不确定"项，太多的"不确定"可能说明缺少主见。

3. 极端选项优先。

应表明自己的态度和看法，抛弃以往对于极端选项的定势思维，大胆考虑并选择。

4. 选项互不干扰。

前后题之间的认同度并无联系，即使是在同一案例中，认同程度仍可以重复被选择。

5. 不过分纠结。

考试时间有限，此类题目出题毫无规律可循，不应过多浪费时间。

目前汉考国际对于第三部分具体的计分方式没有说明，但通过对李克特量表制定法的分析，我们也可以猜测选择认同程度题型的计分方式是通过项目计分，并不是只有选择了正确答案才给分，相近选项也能得分，可能只是分数有所不同。所以应在把握住正确原则的基础上进行选择，提升一定的得分率。

仿真模拟试卷一

第一部分

1. 【答案】B

    【考点】此题考查"越来越"的用法。

    【解析】"越来越"表示人或事物的数量或程度随着时间的推移而不断发展或变化,是同一事物不同时期或不同条件的比较,而"越……越……"才表示程度随情况的发展而变化,故 A 有误。"越来越"后面的谓语应该表示变化的方面,常常由形容词或心理动词充当,如"外面的雨越来越大了""我越来越喜欢这本书了",故 B 正确。"越来越"是副词性短语,不能放在主语的前面,"越来越学习汉语的人多了"这样的句子是不成立的,故 C 有误。"越来越"已经表示程度随时间的变化而变化,其后不能再用其他程度副词,如"很""非常""比较"等等,故 D 有误。

2. 【答案】D

    【考点】此题考查"刚"的意义和用法。

    【解析】"刚"泛指时间过去不久,指距离动作发生时间不长,可能是说话前的那段时间,也可能是相当一段时间以前,跟它意思相反的是"很久",故 A 有误。"刚"是时间副词,在句中只能作状语;而"刚才"是时间名词,在句中可以作状语、定语、主语,故 B 有误。作为时间副词,"刚"不能单独回答问题,故 C 有误。"刚"有恰好达到某一点或某种程度的意思,如"声音很小,刚能听见",故 D 正确。

3. 【答案】B

    【考点】此题考查"了"的意义。

    【解析】汉语中的"了"主要分"了$_1$"和"了$_2$"。"了$_1$"位于动词之后,表示动作的实现。"了$_2$"位于句尾,表示某种状态的改变。材料中"我们的朋友越来越多了"的"了"属于"了$_2$"的类型,表示变化:以前朋友不多,现在多了。B 项中,"钱先生不去广州了"中的"了"表示钱先生之前打算去广州的,后来不去广州,发生了变化,同属于"了$_2$",故 B 正确。而 A、C、D 三项中的"了"都属于"了$_1$",位于动词之后,表示动作的完成。

4. 【答案】A

    【考点】此题考查语气词"嘛"的用法。

    【解析】"嘛"用在句末,在该句中强调肯定的语气,表示为前面的论断提供理由，是一种陈述语气，表示事情本应该如此或道理显而易见。

5. 【答案】A

【考点】此题考查疑问句的类型。

【解析】是非问句要求对提出的问题做出肯定或否定的回答，一般在句末加疑问语气词"吗""吧"，有时也会用"好吗""行吗""对吗"等加在陈述句的后面，构成是非问句。特指问是指说话人就某一方面提出问题，要求听话人做出回答，常用的疑问代词是"谁""怎么""什么""哪里"等。正反问句是用肯定和否定相叠的方式来提问，要求做出肯定或否定的回答。选择问句是问话人提出两种以上的看法，希望听话人选择一种回答。

6. 【答案】B

【考点】此题考查汉字"间"的读音。

【解析】"间"有两种读音，读 jiān 时，它有如下义项：①两段时间相接的地方，或介于两件事物当中及其相互关系：中～。②在一定空间或时间内：田～，人～。③房子内隔成的部分：衣帽～。④量词，房屋的最小单位：一～房。⑤一会儿，顷刻：瞬～。读 jiàn 时，它有如下几种义项：①空隙：～隙，亲密无～。②隔开，不连接：～隔，～断，～歇。③挑拨使人不和：离～，～谍。④偏僻的小路：～道。材料中"间歇"的"间"是指动作、变化等不连接，读"jiàn"，A 项中的"间"是中间的意思，读 jiān；B 项中的"间"是间隙之意，读 jiàn；C 项中的"间"表示时间，读 jiān；D 项中的"间"是中间的意思，读 jiān。

7. 【答案】C

【考点】此题考查汉字的笔顺和笔画名称。

【解析】

1	2	3	4	5	6	7	8	9	10	11	12	13
丨	冂	日	日	尹	易	易	易	曷	曷	歇	歇	歇
竖	横折	横	横	撇	横折钩	撇	点	竖折	撇	横钩	撇	捺

8. 【答案】A

【考点】此题考查汉语拼音声母的发音。

【解析】"蚩"的汉语拼音为 chī，声母为 ch，发音描述正确的是：舌尖后、送气、清、塞擦音。B 项描述的是声母 zh，C 项描述的是声母 c，D 项描述的是声母 z。

9. 【答案】B

【考点】此题考查汉字的造字法。

【解析】"鱼"是象形字，"鱼"字的甲骨文是 ，描绘的就是鱼的外形。象形就是用文字的线条或笔画，把要表达物体的外形特征具体地勾画出来。

"鳍"是形声字，从鱼，耆声。本义是指鱼类或其他水生动物的类似翅或桨的附肢。形声字由两部分组成：形旁和声旁，形旁指示字的意思和类属，

180

声旁表示字相同或相近的发音。

10. 【答案】D

    【考点】此题考查汉语联绵词的类型。

    【解析】联绵词是双音节语素的一种，是由两个音节连缀成义而不能分割的词，它有两个字，只有一个语素。联绵词包括三种类型：①双声词，即两个音节的声母相同的联绵词，"崎岖"是双声词；②叠韵词，即两个音节的韵母相同（韵头、韵腹、韵尾都相同）或相近（韵腹、韵尾相同而韵头不同）的联绵词，"窈窕"和"蹉跎"就是属于叠韵词；③非双声叠韵词，指既非双声又非叠韵的联绵词，"囫囵"和"鸳鸯"就属于非双声叠韵词。

11. 【答案】D

    【考点】此题考查了现代汉字的印刷体字型。

    【解析】现代汉字印刷体主要有宋体、仿宋体、楷体、黑体等。

    ① 宋体：是为适应印刷术而出现的一种字体。笔画有粗细变化，而且一般是横细竖粗，末端有装饰部分，点、撇、捺、钩等笔画有尖端，属于衬线字体，书报的正文一般都用此字体。

    ② 仿宋体：采用宋体的结构、楷书的笔法而形成，其笔画粗细基本一致，起笔、收笔、顿笔有一定变化，但棱角鲜明，多用于一些特殊场合，比如诗词的正文、文章的引文、书籍的序言或图片的说明等。

    ③ 楷体：由隶书逐渐演变而来，更趋简化，字体端正，笔画浑圆，起笔、收笔、顿笔变化灵活，是现在通行的汉字手写正体字，多用于排印通俗读物、中小学课本和儿童读物。

    ④ 黑体：又称方体或等线体，没有衬线装饰，笔迹全部一样粗细，笔画方直，无变化，多用于标题、标语、广告或文章中表示着重点的部分。

    田字格中的"宽"最大特点就是所有笔画粗细一致，笔画形态无变化，故D正确。

12. 【答案】A

    【考点】此题考查被动句的类型。

    【解析】汉语的被动句按有无被动形式标志可以分为两类：一类是无标志的被动句，或叫意义被动句、概念被动句，B、C、D三个句子都属于无标志被动句；另一类是有标志的被动句，如"被""让""叫"，而"被"字句是有标志被动句中的典型，句（1）和A项句子都属于有标志的被动句。

13. 【答案】C

    【考点】此题考查副词"才""就""都"的意义。

    【解析】句（2）中的"才"表达的是数量少的意义，和C项句子中的"就"表达的意义一致。A项中的"才"表示时间晚。B项中的"都"表达的是数量多。D项中的"才"是为了加强语气，突出主语带有某种性质或实施某种行为。

181

14. 【答案】C

    【考点】此题考查"跟"的意义和用法。

    【解析】句（3）中的介词"跟"介引协同对象，指动作是由两个或两个以上参与者一起完成的，与C项中的介词"跟"表达的意义一致。A项中的介词"跟"介引动作的指向对象，同"对"和"向"类似，组成介词短语后一般搭配言说类动词。B项中的"跟"是动词，不是介词。D项中的介词"跟"介引关联对象，说明主语和介词宾语之间的关系。

15. 【答案】D

    【考点】此题考查"似的"的词类划分。

    【解析】"似的"属于比况助词，用在比喻句中喻体的后面，表示一种比喻，经常和"跟""像"搭配使用，例如：像花儿似的、跟玩儿似的。

16. 【答案】A

    【考点】此题考查"差点儿"和"差点儿没"的意义和用法。

    【解析】副词"差点儿"在修饰不同的词语时所表示的意义有所不同：

    ① 在修饰不希望发生的事情时，肯定和否定的意思相同，结果都没有发生，并因为没有发生不好的事情而感到庆幸。

    ② 在修饰希望发生的事情时，肯定和否定的意思不同。后接肯定的结构时，意思是结果没有发生，并因此感到惋惜；后接否定结构时，意思是结果发生了，并因此而感到庆幸。

    差点儿
    ┌ ＋不希望发生的事情：差点儿＋V＝差点儿＋没＋V（庆幸没发生）
    │ ［如：他差点儿感冒了。＝他差点儿没感冒。（没感冒）］
    │   ┌ 差点儿＋V（因没发生而感到惋惜）
    │   │ ［如：他差点儿就赶上火车了。（没赶上火车）］
    └ ＋希望发生的事情 ┤
                         │ 差点儿＋没＋V（庆幸发生了）
                         └ ［如：他差点儿没赶上火车。（赶上火车了）］

    在四个选项中，只有A项"滑倒"是不希望发生的事。此时用"差点儿"和"差点儿没"意义不变。

17. 【答案】B

    【考点】此题考查韵母的"四呼"分类。

    【解析】根据韵母开头元音的特征分为开口呼、齐齿呼、合口呼、撮口呼四类。

    ① 开口呼韵母：凡韵腹不是i、u、ü或不以i、u、ü开头的韵母属于开口呼韵母。

    ② 齐齿呼韵母：凡韵腹是i或以i开头的韵母属于齐齿呼韵母。

    ③ 合口呼韵母：凡韵腹是u或以u开头的韵母属于合口呼韵母。

    ④ 撮口呼韵母：凡韵腹是ü或以ü开头的韵母属于撮口呼韵母。

18. 【答案】A

    【考点】此题考查构词法。

    【解析】"名胜古迹"是偏正关系的联合式短语,与A项的"镜花水月"属于同一构词法。B项"青红皂白"属于联合关系的联合式短语。C项的"龙飞凤舞"属于主谓关系的联合式短语。D项的"顾名思义"属于述宾关系的联合式短语。

19. 【答案】D

    【考点】此题考查复句类型。

    【解析】句(2)属于典型的递进复句,即前句提出一种情况,后续分句以此为基准,在数量、程度、范围、时间等方面更推进一层,其典型格式为"不但……,而且……"。

    连贯复句是指几个分句在时间上先后相继,事理上先后相承。单用有"而""则""因""遂""即""然后""接着"等关联词,成对使用的如"首先……然后……""起先……后来……",也有不用关联词的。

    并列复句由两个或两个以上的分句并列组合而成。这些分句叙述相关的几件事情,或说明相关的几种情况,它们之间没有主次之分。并列复句常由分句直接组合而成,有时借助关联词语组合。

    让步复句属于假设复句,前一个分句假设存在或出现了某种情况,后一个分句说出假设情况一旦实现产生的结果。两个分句之间是一种假定的条件与结果的关系。常见的关联词语有"如果……就……""即使……也……""再……也……"等。

20. 【答案】B

    【考点】此题考查介词"在"组成短语的意义。

    【解析】"在……上"多表示方面,中间常插入名词或名词短语,有时也可插入动词或动词短语。"在……下"多表示条件,常用在该格式中表示条件的动词如"影响、教育、帮助"等。"在……中"多表示动作发生或状态存在的环境、范围或过程等,中间多是名词或名词短语、动词或动词短语。

21. 【答案】C

    【考点】此题考查汉语拼音正词法规则。

    【解析】

    ① 句子开头的字母大写。

    ② 普通话拼写基本上以词为书写单位。表示一个整体概念的双音节或三音节结构,连写。

    ③ "一""不"一般标原调,不标变调,但语音教学可以按变调标写。

    ④ 动词与后面的补语,两者都是单音节的,连写;其余情况,分写。

    ⑤ 当a、o、e开头的零声母音节连写在任何一个音节后面时,要在a、o、e的左上方标注隔音符号。

22. 【答案】D

【考点】此题考查近义词"按照"和"根据"的辨析。

【解析】"按照"后面的宾语不能是单音节词，而应该是双音节或多音节的词或词组，A项有误。"按照"表示动作行为遵从某一标准，如"按照我教你的去做，肯定不会有错"，B项有误。"根据"表示结论的前提或言行的基础，如"这部电影是根据民间故事改编的"，C项有误。"根据"除了作介词以外，还可以作名词，如"这件事情是有根据的"，故D项正确。

23. 【答案】B

【考点】此题考查存现句的判别。

【解析】该句属于存现句，即表示人或事物存在、出现或消失的句子，其基本格式是"处所词＋存现动词＋事物"。

24. 【答案】C

【考点】此题考查主谓谓语句的判别。

【解析】该句属于主谓谓语句，即由主谓短语充当谓语的句子。且该句属于受事性主谓谓语句，即大主语是小谓语中某个动词的受事，如"这件事我没有听说过"。

25. 【答案】D

【考点】此题考查转折复句的判别。

【解析】该句属于复句中的转折复句，即前行分句以先承认某种客观存在的事实作为前提，在语义上有轻微的姑且让步的意思，后续分句不是根据前行分句的语义按照常态趋势发展，而是转到跟前行分句常态语义趋势相反或相对的方面去了。该句属于转折句中的轻转句，即前句不用任何关联词语，只在后续分句中单用"但是""只是""可"等。

26. 【答案】E

【考点】此题考查连贯复句的判别。

【解析】该句属于连贯复句，即前行分句首先陈述一种情况，后续分句随后陈述接着发生的另一种情况。连贯复句常用表示时间的词语标明事件行为的先后次序。双用的词语有"一……就……""刚……就……""首先……然后……"等；单用的有"就""于是""接着"等词语，常用在后续分句中。

27. 【答案】C

【考点】此题考查复合趋向补语的引申含义。

【解析】材料中的"下来"表示停止的意思，与C项中的"下来"语义一致。A项中的"下来"表示从过去继续到现在，B项中的"下来"表示顺利完成某个动作，D项中的"下来"表示分离、脱离。

28. 【答案】D

【考点】此题考查汉语补语类型的辨别。

184

【解析】材料中的"冲不掉"属于可能补语，可能补语的基本格式有以下几种：

① 谓语动词＋得/不＋结果补语/趋向补语

② 谓语动词＋得/不＋了（liǎo）

③ 谓语动词＋得/不得

结果补语表示动作行为产生的结果，一般由单个谓词充当，与中心语之间不能再插入其他成分。

趋向补语表示动作行为的走向、方位，或表示在趋向义的基础上发展出来的引申义（如：唱起来、坚持下去），由趋向动词充当。

情态补语表示动作性状呈现出来的情态，基本格式为：谓语动词/动词性短语＋得/个/得个＋情态补语。

29.【答案】F

【考点】此题考查汉语歧义类型的辨别。

【解析】"出口商品"的歧义是由不同结构关系造成的。它既可以表示偏正关系，"出口"修饰中心语"商品"，也可以表示述宾关系，"商品"作为"出口"的宾语。

30.【答案】B

【考点】此题考查汉语歧义类型的辨别。

【解析】"我去上课"的歧义是由词语的多义性造成的。"上课"既可以表示老师"讲课"，也可以表示学生"听课"，故造成歧义。

31.【答案】C

【考点】此题考查汉语歧义类型的辨别。

【解析】"麦克要煎饼"的歧义是由于词和短语同形造成的。"煎饼"既可以是名词，表示一种食品，也可以是述宾短语，指"把饼煎一煎"。

32.【答案】A

【考点】此题考查汉语歧义类型的辨别。

【解析】"自行车没有锁"的歧义是由于词类不同造成的。"没有"在这里既可以是副词，那么"锁"就是动词；"没有"也可以是动词，"锁"就是名词。

33.【答案】G

【考点】此题考查汉语歧义类型的辨别。

【解析】"一个学生的建议"的歧义是由结构层次不同造成的，它可以有两种结构层次的划分。

34. 【答案】E

【考点】此题考查汉语歧义类型的辨别。

【解析】"这个人谁都不认识"的歧义是由语义角色不同造成的。"这个人"既可以是施事，也可以是受事。

35. 【答案】B

【考点】此题考查"第一语言"和"母语"的辨析。

【解析】第一语言是指人出生以后首先接触并获得的语言，第一语言是相对于第二语言而言的，是按人们获得语言先后顺序区分的概念。母语是指本国、本民族的语言，母语是相对于外语而言的，是按国家的界限来区分的。

36. 【答案】C

【考点】此题考查"语言能力"和"交际能力"的辨析。

【解析】"语言能力"是乔姆斯基所提出的，指人们所具有的语言知识，是一种内化了的包括语音、词汇、语法等的语言规则体系。"交际能力"是海姆斯提出的，他认为一个人的语言能力不仅指能说出合乎语法的句子，还包括能否在一定的语言环境中恰当地使用语言的能力，也就是在不同的场合、地点对不同的人进行成功交际的能力，也即运用语言（或非语言的手段）进行社会交往的能力。

37. 【答案】F

【考点】此题考查"学习"和"习得"的辨析。

【解析】"学习"是指在课堂环境下有专门的教师指导，严格按照教学大纲和课本，通过讲解、练习、记忆等活动，有计划、有系统，也是有意识地对语言规则的掌握，典型的例子是成人在学校学习第二语言。"习得"是在自然的语言环境中，通过旨在沟通意义的言语交际活动，不知不觉地获得一种语言，典型的例子是儿童习得第一语言。

38. 【答案】H

【考点】此题考查"语内偏误"和"语际偏误"的辨析。

【解析】"语内偏误"是指第二语言学习者在学习过程中由于对目的语规则掌握不全面或因错误推断而造成的偏误。"语际偏误"是指由于第一语言的干扰造成的偏误。

39. 【答案】I

【考点】此题考查"认知策略"和"元认知策略"的辨析。

【解析】"认知策略"是直接影响到第二语言学习的一般性策略，包括求解、推理、实践、记忆、监控这几方面。"元认知策略"是学习者通过计划、监控和评估等方式对自己的认知过程进行反思，可以说是对认知的认知，是一种深层次的认知活动。

40. 【答案】C

【考点】此题考查偏误分析相关理论的提出者。

【解析】偏误分析的具体步骤和"前系统偏误""系统偏误""后系统偏误"的分类都是由科德提出的。

41. 【答案】B

    【考点】此题考查"失误"和"偏误"的概念。

    【解析】失误是指偶然产生的口误或笔误,如本想说"甲",但临时因紧张或是疏忽说成了"乙"。这种错误没什么规律,即使操本族语的人也常常会发生。说话者一旦意识到马上可以自己改正,以后同样的错误也不一定再次出现。偏误是指由于目的语掌握不好而产生的一种规律性错误,它偏离了目的语的轨道,反映了说话者的语言能力和水准,这类错误一般学习者自己难以察觉,也不易改正,同一错误会多次重复出现。

42. 【答案】C

    【考点】此题考查偏误分析理论的心理学基础。

    【解析】偏误分析的心理学基础是认知心理学。认知心理学不是把人看作刺激的被动接受者,而是信息加工者,一种具有丰富的内在资源并能利用这些资源与周围环境发生相互作用的积极的有机体。

43. 【答案】D

    【考点】此题考查偏误的来源。

    【解析】A项偏误的来源是母语负迁移,是在词汇和语法方面对第二语言的干扰,在英语中 and 可以连接两个句子或分句,第二语言学习者将该语法点负迁移到汉语中。B项偏误来自于简化的学习策略,即学习者故意减少他们认为的目的语的冗余部分,或将带状语、定语成分的复杂句子,分成几个简单的句子。C项偏误来自于文化因素的负迁移,外国学生为了表示亲密往往会直呼长者姓名,这就是由于文化差异造成语言形式上的偏误。D项是来源于目的语知识的负迁移,形容词重叠后不能再用"很"修饰,此处为副词"很"的过度泛化。

44. 【答案】C

    【考点】此题考查系统偏误的概念。

    【解析】系统偏误是指第二语言习得过程中,学习者正逐渐发现并形成目的语的规则和系统,但还不能正确地运用这些规则,因而出现的规律性偏误。系统偏误学习者不能自己改正,故A项错。系统偏误主要来源于母语负迁移是没有依据的,故B项错。学习者可以对系统偏误做出一些说明,解释为什么要这样使用,故C项正确。D项指的是前系统性偏误。

45. 【答案】C

    【考点】此题考查第二语言教学法的发展进程。

    【解析】语法翻译法又称"传统法"或"古典法",是以系统的语法知识教学为纲,依靠母语,通过翻译手段,主要培养第二语言读写能力的教学法。这是第二语言教学史上最古老的教学法,在欧洲用于教授古希腊语、拉丁语,已有千百年的历史。

46. **【答案】** A

    【考点】 此题考查第二语言教学法各流派的主要特征。

    【解析】 情景法属于习惯养成的经验派，强调听说领先，然后再进行读写。语法翻译法、自觉对比法都强调先读写，不重视听说的教学。认知法提倡听说读写齐头并进，从一开始就进行全面训练。

47. **【答案】** D

    【考点】 此题考查第二语言教学法各流派的主要特征。

    【解析】 行为情景教学法通过阅读并讨论故事来熟悉语法结构，从而提高学生的语言水平。教学以故事为载体，利用学生对故事的热爱，来激发学生学习的兴趣；通过学习故事、读故事、演故事等方式，来培养学生的自主学习和会话交际等能力。

48. **【答案】** B

    【考点】 此题考查听说法。

    【解析】 听说法排斥或限制使用母语，尽量用直观手段或借助于情景、语境，直接用目的语理解或表达，故 A 项有误。听说法提倡利用现代化的教学技术手段，如幻灯、录音、电影、电视，从多种途径强化刺激，故 B 项正确。听说法的语言学理论基础是主张对活的语言进行仔细的描写分析、不同语言间进行结构对比的美国结构主义语言学，故 C 项有误。听说法强调大量的模仿操练，认为言语行为是通过刺激与反应的联结并加以强化而形成习惯，从而否认了人的认知能力的能动作用，这也是听说法的一大缺点，D 项有误。

49. **【答案】** A

    【考点】 此题考查团体语言学习法。

    【解析】 团体语言学习法是一种采用小组集体讨论的形式，教师和学生处于医生和病人的关系，并把学习过程看成是咨询过程的第二语言学习方法，也称为咨询法。团体语言学习法认为根本问题在于重视学习过程中的情感因素，建立师生间相互信任、相互支持的创造性关系，从而使学生形成良好的心理状态。

50. **【答案】** B

    【考点】 此题考查交际法。

    【解析】 交际法强调意义和功能，认为语言学习是学习交际，话语是基本教学单位。而听说法强调结构和形式，句子是其基本教学单位。

    交际法是以语言功能和意念项目为纲，培养在特定的社会语境中运用语言进行交际能力的一种教学法。要求教材要符合学习者实际需要，语言材料真实自然，故 A 项属于其原则之一。

    交际法要求教学以言语交际的主要形式——话语为基本单位，语言并不孤立存在于词语或句子中，故 B 项不属于其原则。

交际法以用语言进行交际为教学目标，因此非常重视语言的流利性和得体性，故C项属于其原则之一。

交际法通常按螺旋式安排材料，将功能和结构结合在话题中，循序渐进，故D项属于其原则之一。

第二部分

51. 【答案】B

    【考点】此题考查汉语语音教学方法。

    【解析】

    ① "带音法"就是用一个已经学过的音素或学习者母语中存在的音素带出另一个发音部位和方法相关的新音素，或者以一个容易发的音带出另一个发音部位与之相近的较难发的音。

    ② "夸张法"就是利用夸大口形、延长音程、增大音量、加强音高对比、夸张响度等方法扩大音与音、调与调之间的差别，可以帮助学生理解和模仿汉语的发音。

    ③ "对比法"包括汉语与学生母语的对比，即把汉语的语音系统与学生所操母语的语音系统进行对比，找出两者的差别；还包括汉语内部的对比，即汉语中有一些发音部位相近但却是完全不同的音，可以用对比法帮助学生辨别不同的声音形象。

    ④ "描述法"即通过描述发音的原理（发音部位、发音方法等），使学生了解正确的发音方法。

52. 【答案】D

    【考点】此题考查汉语声调的教学方法。

    【解析】外国学生在发第二声时往往会出现升不上去的问题，原因在于他们发第二声时的起点太高。老师可以提供一些第四声和第二声搭配的词语，如"dìtú"，因为发完第四声，声音已经降下来了，这样就有利于后面的第二声更好地升上去。

53. 【答案】A

    【考点】此题考查教师对外国学生典型语音问题的认识。

    【解析】韩国学生经常把f音发成p音，所以教师需要多提供一些f和p组合的词语练习。

54. 【答案】C

    【考点】此题考查轻声区分词义的作用。

    【解析】词语的轻声与非轻声就会造成词义的不同，C项的"对头"，其发音有两种形式，一是duìtóu，即正确、正常之意；二是duìtou，即冤家、仇人之意。这个词语能够显示出轻声在这方面的作用。其他三项没有非轻声的用法。

55. 【答案】B

    【考点】此题考查汉语语音教学顺序的安排。

【解析】

A 项考查声母教学顺序：不送气音→送气音、擦音→塞擦音，A 项正确顺序应为 sh→zh→ch。

B 项考查韵母教学顺序：复元音韵母→带鼻音的韵母，带鼻音的韵母先教前鼻音，再教后鼻音。B 项 ai→an→ang 这样安排是合理的。

C 项考查圆唇音的教学：很多语言中没有圆唇音，而 i 这个音大部分语言里都有，因此可以从容易发的 i 入手，再带出 u 和 ü 来。C 项的正确顺序应为 i→u→ü。

D 项考查韵母教学顺序：单韵母→复韵母，单韵母是韵母中最基本的音素，是其他韵母的基础，且先教开口度大的韵母，再教开口度小的韵母。所以 D 项的正确顺序为 u→ua→uo。

56. 【答案】A

【考点】此题考查教师纠正学生语音错误时的注意点。

【解析】教师在纠正学生语音时不应该重复学生的语音错误，否则会使学生加深错误的印象。汉语课堂上应该多出现正确的语音语调，给学生正确的引导，另外，出于对学生的尊重，也不应该重复学生的错误，否则会使学生感到不适和尴尬，导致间接影响学生学好语音的积极性。

57. 【答案】C

【考点】此题考查汉语听力技能训练方法。

【解析】

① 听说训练：听后让学生及时用语言将听到的内容反馈出来，或针对所听的内容回答问题，进行表达训练。其任务一是训练学生捕捉声音的能力，二是考查学生理解情况，三是表达训练，转述内容。

② 听写训练：在听的基础上将语言的音、形、义统一起来。听写训练可以锻炼学生的汉字书写能力，听写的方式可以是边听边写，也可以是听后写。

③ 听记训练：边听边记是保持短时记忆效果的最好办法。需要记录的内容主要有人名、地名、时间、日期、方式、结果、交通工具、各种数字、作者的观点、谈论的话题等。记录的作用只是必要的提醒，方式也可多样，关键是方便快速记录，并且听后容易识别。

④ 听辨训练：听辨活动主要训练学生对汉语语音的感知和辨别。在听力理解的过程中，识别汉语的声、韵、调是听懂话语、理解意义的最基本的能力。

58. 【答案】A

【考点】此题考查教师对汉语听力课的整体把握能力。

【解析】听时练习包括三类活动，每类活动都有其能力训练的侧重点：

① 概括性活动的主要任务就是让学生掌握文章的大概内容，主要锻炼学生抽取主旨的归纳能力，还有跳跃障碍、保持理解的连贯性的能力。

②专项性活动的主要任务就是让学生把握文章的细节信息,可以锻炼学生抓重点和关键词的能力,以及对数字等信息的敏感能力。

③语言类活动主要任务就是让学生在锻炼听力能力的同时,学习到相应的语言规则,培养语感,提高语言能力。

故A项正确。B、C、D三项均属于概括性活动。

59. 【答案】C

【考点】此题考查听力课堂练习的类型。

【解析】汉语听力练习的方法大致包括感知性练习和理解性练习。感知性练习主要有听写、填空、重复、替换、归类、听后填表、听后连线等方式;理解性练习主要有听句子做动作、听词或句子找图片、猜词、听后判断正误、听后选择正确答案、听后回答问题等方式。

60. 【答案】D

【考点】此题考查编写听力选择题的注意点。

【解析】

①题干方面:题干应尽可能地点明问题的实质,让学生明确问题究竟是什么;从反面提问的题目不应太多。

②选项方面:选项本身要符合语法;选项要有一定迷惑性,不能生拼硬凑;除非万不得已,不应使用虚设的选项。

③选项与文章的关系:选项要用同义替换的方法重现原文,要保证选项比原文容易,要避免使用文章中原有的措辞。

④选项与题干的关系:所有的选项与题干相接后,在形式上都应是完好的,读起来符合语法和逻辑;选项中共同的语言成分应集中在题干上。

⑤选项与选项的关系:选项应互相独立,避免相互依赖;选项在长度上不能相差太多;各选项在难度上不能相差太大。

61. 【答案】D

【考点】此题考查教师对听力课突发情况的处理方式。

【解析】如果在听力课上遇到个别学生没听懂的情况,要分析性质,区别对待。要弄清楚个别学生听不懂的问题是不是具有代表性,如没有代表性,可以课外辅导个别解决,如果有代表性,个别学生的问题,正是课文难点的体现,则务必要重视,在课上解决。

A、B、C三个选项都没有分析学生问题的性质,只有D项正确。

62. 【答案】B

【考点】此题考查汉字教学方法。

【解析】在讲解"桌"的字义时,教师能够很方便地利用教室里的已有资源,用实物进行指示,让学生能够一目了然。

63. 【答案】F

【考点】此题考查汉字教学方法。

【解析】汉字"日"是一个象形字，教师可以给学生展示"日"字的古文字形体，有利于学生更形象地理解"日"字的含义。

64. 【答案】D

【考点】此题考查汉字教学方法。

【解析】汉字"舫"为形声字，"舟"为形旁，"方"为声旁，而在该字中"方"也意为"城邦国家"，"舟"与"方"联合起来表示"国家船队"。教师在讲解该字字义时，最好结合形旁和声旁，帮助学生更好地理解。

65. 【答案】A

【考点】此题考查汉字教学方法。

【解析】"抛"字带有很强的动作性，教师可以结合动作演示，让学生直观地理解该字的含义。

66. 【答案】C

【考点】此题考查汉字教学方法。

【解析】所谓俗字源，即利用组成汉字的各个部件所表示的意思或其字形特点，对汉字进行有意义的解释。俗字源当然不是字的本源，但它通俗易懂，讲得好会妙趣横生。"安"字就可以利用俗字源来解释：女人回到家里，自然是安全、平安的。教师也可以启发学生根据他们自己的理解对汉字进行这种通俗的解释，假如引导得当的话，不仅能使学生增加对汉字的了解，还能培养学生的学习兴趣，但这种解释缺乏科学性，不可滥用。

67—71. 【答案】C、E、A、D、B

【考点】本大题考查汉语语法点的排列次序。

【解析】语法点的排列次序，涉及先教什么、后教什么的问题。汉语教师需要遵循以下几条原则：

① 由易到难：确定语法点的难易程度，不仅要从语言学的角度考虑其语义、结构的难度，还要从交际的角度考查其使用难度，从心理学的角度考查其学习难度。

② 从交际出发：从交际出发是功能教学法的原则，就是跟最基本交际密切相关的语法点先教，关系不那么密切的后教。

③ 参照使用频率：语法点的使用频率跟它的交际迫切性相关。一般来说，交际迫切性强的，使用频率就可能高。语法点教学的先后次序，也要考虑其使用频率。

④ 复杂语法点分阶段教学：对于复杂语法点，可以拆成几个不同的具体项目，分散在不同的阶段进行教学，以降低一次性学习的难度。

材料中的关于"着"的基本句型在初级阶段一般会出现这5种，且这5种句型在难度上有一定区别。除了B项的连动句出现了两个动词外，其余4句都只有一个动词，所以B句相对来说是最难的。此外，A项是存现句的句式，存现句是汉语中的一大特点，对外国学生来说有一定难度，而D项的动词前有状语，且跟A项存在变换关系，"出租车在楼前停着→楼前停着出租车"，所以D项要比A项难一点，应排列在其后。C项句型是最简单的，就是直接在动词后加"着"，既可以表示动态的动作持续，也可以表示静态的状态持续，而E项句型相对C来说稍难一些，因为"着"的后边还带有宾语。总之，在初级阶段，教师最好按照这样的顺序分阶段安排"着"的语法点教学：

① 主语＋动词＋着
② 主语＋动词＋着＋宾语
③ 处所主语＋动词＋着＋宾语
④ 主语＋处所状语＋动作＋着
⑤ 主语＋动词$_1$＋着＋动词$_2$

72. 【答案】A

    【考点】此题考查教师开展活动时的筹备能力。

    【解析】教师在选择辩论赛主题时，要综合考虑学生的各种因素：年龄情况会让他们对同一事件产生不同的看法，要纳入考虑范围；语言水平也是开展活动时必须要考虑到的因素，不同的辩论主题就会有不同层次的语言水平要求；学生的生活经验会影响到他们对辩论主题感兴趣与否，如果老师选择的辩题离学生的生活太远，就无法激起学生的兴趣，影响活动的气氛。而学生的家庭情况对活动的开展不会产生太大的影响，所以不用纳入考虑范围。

73. 【答案】B

    【考点】此题考查教师开展活动时布置教室的能力。

    【解析】辩论赛的活动模式决定了学生的位置是两组面对面的形式，老师将桌椅排成通道式更有利于活动的开展。A项分组围坐的方式适用于小组讨论的课堂活动；C项腾出讲台的方式适用于表演类的活动；D项自由组合的方式适用于休闲随意的沙龙。

74. 【答案】C

    【考点】此题考查汉语教师的管理能力。

    【解析】如果教师遇到不愿意参加活动的学生，要多和他交流，分析出原因，再对症下药。题目中的学生是由于自己汉语水平低而不愿参加，说明他已经产生了自卑心理。作为汉语老师要及时觉察到学生的情况，多鼓励他，找到他的兴趣所在，让他从简单的说起，循序渐进，故C项的做法是合理的。A项用减少他参与活动的次数来避免使他尴尬的做法，不仅不能保护他的自尊，反而会使他越来越不敢开口讲话，这种做法不合适。B项把他和汉语水平高的学生分在一组也有所不妥，因为汉语水平高的学生不一定会多帮助他，反而会使他在这个团队中失去集体感。较好的做法是把他分到善于合作、善于帮助的学生一组，让他们带动他一起完成任务。D项的做法也欠妥，教师设计活动主要根据全班整体的情况，不能为了帮助个别水平低的学生而忽视了全班的水平，这样也不利于整体的进步。

75. 【答案】B

【考点】此题考查教师对高年级口语课练习方式的选择。

【解析】为了锻炼高年级学生的成段表达能力，话剧表演、复述课文、看图说话等都是比较有效的方式。而A项的着重点在词语练习上，C和D项的着重点在句子练习上，作为成段表达训练都不太合适。

76-81. 【答案】D、F、A、C、E、B

【考点】本大题考查的是普拉克特的"难度等级模式"。

【解析】该模式预测学习者在第二语言学习中可能出现的困难，将难度分为六级，从零级到五级，级数越高难度也越大。

  零级：指两种语言中相同的成分，在学习中产生正迁移，而不会发生困难。如英语和汉语都是"动词+宾语"的语序，因此以英语为第一语言或母语的学习者在学习汉语的这一结构时，没有困难。

  一级：在第一语言中分开的两个语言项目，在目的语中合成一项。学习者可以忽略在第一语言中两个项目的区别而逐渐习惯合并后的项目。如英语中的单数第三人称代词有he和she的区别，而汉语在读音中则不分，都读tā。英语为第一语言的学习者在听、说汉语时，要忽略单数第三人称男性、女性的区别，而用同一个tā。

  二级：第一语言中有而目的语中没有的语言项目，学生必须避免使用。如英语语音中的[θ]，汉语中没有，英语为母语的学生学汉语要防止其介入性干扰。

  三级：第一语言中的某个语言项目在目的语中虽有相应的项目，但在项目的形式、分布和使用方面又有着差异，学习者必须把它作为目的语的新项目重新习得。例如汉语和英语都有被动句，但汉语中除了有标记的由"被""叫""让"等表示的被动句外，大量的则是无标记被动句，还有用"是……的"等表示被动的句子。以英语为第一语言的学习者学习汉语时，在其原有的英语被动式知识的基础上，必须重新认识汉语的被动句，否则就会因英语的影响而造出错句，如"＊这本书是被他买的"，或者无法理解像"茶喝了"这样的句子。

  四级：目的语中的某个语言项目，在其第一语言中没有相应的项目，学习者在习得这些全新的项目时会产生阻碍性干扰。如以英语为第一语言的学习者在学习汉语的声调、汉字以及语法的"把"字句及多种补语时，都会感到一定的困难。

  五级：与前边的一级困难正好相反，第一语言中的一个语言项目到了目的语中分成两个或两个以上的项目，需要学生克服第一语言所形成的习惯，逐项加以区分，才能在目的语中正确使用。这是本模式中难度最高的一项。如英语动词visit，可译为汉语中的"参观""访问""看望"三个动词，各与不同的宾语组合。"参观"的宾语只能是表示场所机构的事物，"看望"的宾语只能是人,而"访问"则指人或事物都可以。学生如不了解汉语的这种区别,就会受第一语言的影响,造出" * 我明天参观我的老师"这样的句子来。

82.【答案】B

【考点】此题考查教师对课堂环境、课型和学生水平的认识。

【解析】首先,学生还处于学习汉语常用量词的阶段,所以学生不可能是高级汉语水平阶段,但学生的汉语表达已经较为流利,所以学生应处于中级汉语水平阶段。而汉语阅读课并不会注重于语法的教学,更多注重的是汉语阅读能力和技巧的培养,只有汉语综合课上,老师才会定期做语法小结。

83.【答案】C

【考点】此题考查汉语语法的特点。

【解析】汉语语法的特点是在与别的语言的对比之中体现出来的,主要有六个特点。第一,词序和语序影响语法意义。这一点体现在两个方面,某些语义成分的位置比较灵活以及语序变化隐含逻辑关系的变化。第二,修饰成分的位置比较固定,如定语、状语等,一般都在被修饰成分的前边。第三,有一些特殊的词类和特殊的词。如个体量词("把""条""张"等)、语气词("呢""了""啊""吧""吗"等)、方位词、介词(为数不多的特殊介词,如"把""被""在"等和一些近义介词,如表示方向、对象类的介词"朝""向""往""给"等)。第四,狭义形态少(主要是跟印欧语系对比得出的)。这一点主要体现在三个方面:1. 词没有性、数、格;2. 代词没有性和格、人称代词和物主代词的区别;3. 动词没有形态变化。第五,特殊的动词结构:动补结构和离合词。第六,句子成分跟词类既对应又不对应。"对应"是指多数情况下,主语、宾语由体词性成分承担,谓语由谓词性成分承担,形容词跟定语对应,副词跟状语对应等等。"不对应"是指"一对多"的情况,在狭义形态不改变的情况下,谓词性成分还可以当主语、宾语、补语,体词性成分还可以当主语、谓语、宾语和定语。还有,充当状语的除了副词以外,还有形容词。

84.【答案】D

【考点】此题考查更正性反馈(Corrective Feedback)策略。

【解析】更正性反馈策略共分六种:第一,明确纠正,指直接指出错误并告诉学生正确的形式;第二,重铸,指把学生的偏误句用正确的方式重述一遍,不改变原来的意思;第三,提供元语言知识,指讲解语言本身的差异,让学生意识到自己的错误;第四,要求澄清,指出现偏误的时候要求学生重新表达;第五,重复,指用升调重复学生的偏误,以引起学生的注意;第六,诱导,指通过提问诱导学生说出正确的句子。

题目中老师用正确方式将学生出现偏误的句子重复了一遍,符合"重铸"的特点。

85. 【答案】B

【考点】此题考查教师对纠错策略的灵活使用。

【解析】学生出现偏误时，教师不能一味地否定学生，打击他们爱思考爱学习的积极性，故 A 项并不可取。特殊情况特殊处理，有时反而可能有意想不到的表达效果。"一张小狗"虽然不符合语言规则，但稍加改动，"小狗被碾得像一张照片一样"，就会变成很生动的句子，也可以让学生认识到"一张小狗"的特殊使用语境。顺着这位爱思考的学生的"幽默"，可以让同学们从量词学习中获得更多乐趣，战胜困惑和挫败感。C 选项虽然可以调动其余学生的思考，但对于产生偏误的学生的影响性不够大，并且不能让学生更清楚地认识到偏误。D 选项和 B 选项比起来，则有失活泼性，也不是最佳纠错策略。

86. 【答案】B

【考点】此题考查教师对于课文中教学重点的认识。

【解析】本课的重点语法较为明显，课文谈论天气和温度，多次出现比较句和比较句的变式（否定形式），所以显然本课的重点语法为"比较句"。

87. 【答案】A

【考点】此题考查教师预测与判断学生受母语负迁移而产生偏误的能力。

【解析】题目指明学生为英语国家学生，即母语为英语的学生。英语中比较句的顺序是"主语＋be 动词＋形容词比较级＋than（比）＋宾语"，将四个选项分别逐字逐句翻译成英文，只有选项 A 符合英语的语序"He is taller than me"。

88. 【答案】D

【考点】此题考查对外汉语教学课堂的教学目标。

【解析】对外汉语教学课堂的具体教学目标主要有语言知识（语音、字词、语法、功能、话题、语篇）、语言技能（听、说、读、写）、策略（情感策略、学习策略、交际策略、资源策略、跨学科策略）和文化意识（文化知识、文化理解、跨文化意识、国际视野）。

89. 【答案】C

【考点】此题考查教师针对不同语法点灵活应用教学法的能力。

【解析】"以旧带新法"指用已学过的语法格式引出新的语法格式，同时帮助学生理解新格式的构成、意义和其中的语义关系。比如用"把"字句引出"被"字句，老师给出一系列"把"字句，让学生转换成"被"字句。

"对比法"主要分三种，汉外对比（对比汉英时间状语的位置，两者形成镜像关系）、汉语内部对比（相近语法点的对比："就"和"才"）和正误对比（通过正误句的对比辨析让学生了解哪些情况不能用"了"）。

"情景法"有两种方式，一种是利用课堂上学生熟悉的景物以及学生和教师的实际情况，说明语法点，比如展示"比"字句，学习方位表达。另一种是通过老师的动作或让学生做动作，来引出语法点或帮助学生理解语法点，如展示结果补语"V＋到"，学习"S＋把＋O＋V＋结果补语"句型。

"生成式教学"分扩展式生成（简单句到复杂句：状语使用的训练）和紧缩式生成（较长的语言单位到较短的语言单位："连"字句的教学）两种。

90. 【答案】A

    【考点】此题考查教师针对不同语法点灵活设计不同练习的能力。

    【解析】本课的重点语法为"比"字句，适合的教学法是情景法，所以相对应的最适合的练习方式应该是具体情境的练习。教师设计具体情境，学生根据情境进行对话练习，所以最适合的练习方式应该是"交际性练习"。

91. 【答案】B

    【考点】此题考查国际汉语教师的职业价值。

    【解析】国际汉语教师的教学对象比较特殊，是第二语言学习者。其教学任务也有自己的特点：教学生学会并熟练使用汉语进行交际，了解中国文化和传统。因此，国际汉语教师的职业价值也具有自身的特点。

    ① 社会价值

    国际汉语教师的任务是帮助不同国家、不同种族的人学习汉语，使他们能够使用汉语进行交流，增强各国对中国的了解，让世界了解真实的中国。

    ② 专业价值

    国际汉语教师不仅是教学活动的实践者，同时也是国际汉语研究的主导者。国际汉语教师能够在教学活动中发现问题，同时为本领域专业研究提供大量丰富真实的课堂案例和汉语习得事实，能够大大促进国际汉语专业的学术发展。

    ③ 个体价值

    一名优秀的国际汉语教师应该具备相对完整的知识结构，包括语言与文学知识、外语能力、教育学和心理学知识、课堂掌控能力、人际交往能力和跨文化能力等等。进行国际汉语教学职业活动的过程也是个人能力和价值提升的过程，国际汉语教师实现社会价值和专业价值的同时也实现了个人价值。

92. 【答案】A

    【考点】此题考查汉语教师专业发展的途径和方法。

    【解析】汉语教师专业发展的途径和方法主要有以下5点：

    ① 学习专业理论和方法

    国际汉语教师为了实现专业发展，需要认真学习专业理论知识，借鉴吸收前人的经验，加强自身理论修养。学习的途径主要有阅读专业书籍，订阅相关的学术杂志，参加学术交流会、专业培训班等。

②制订专业发展规划

专业发展规划是教师在对自身的现状有了一个全面实际的把握之后，在理论学习的基础上，科学合理地为自己制订出一套规划，包括发展目标、发展步骤、发展方案等等，在实践中指导教师的行动。

③积极进行自我反思

教师应把教学反思这一理念和行为变成常规性程序，在自我反思的过程中发现问题，运用理论实践解决问题，同时在反思中对专业发展规划进行调整，最终实现专业的发展和综合素质的提升。

④教学与科研紧密结合

教师首先要具备教学的热情和能力，而不仅仅是脱离课堂的学者；同时，脱离科研的教学则难以进步，教师会成为原地踏步的教书匠。教学与科研两者结合起来才能互相促进，共同进步。

⑤加强汉语教师之间的合作

除了以自身和自己的课堂为研究对象外，同事之间也可以成为彼此的研究资源。因此，国际汉语教师应加强同事之间的合作交流，创造互相成为关键人物的机会，形成国际汉语教师共同体，这是一种非常好的团队协作、实现专业共同发展的方式。

93. 【答案】D

【考点】此题考查定性研究的缺点。

【解析】定性研究的缺点是主观成分比较多，具有不确定性，不能严格地描述、说明、解释和阐释某特定事件，在结构上具有很大的随意性，不受严格的操作规则或实践规则的约束，具有或然性，缺乏公理化系统的逻辑约束。

选项A、B是"定量研究"的缺点，C选项与上述内容相反。

94. 【答案】A

【考点】此题考查历史上学校的结构。

【解析】周代，随着宗法制度的逐步确立，为巩固宗法制度而建立的学校教育有了进一步的发展，教育制度较前代更为完善，学校的结构也更为完备。大体来说，西周的学校分作"国学"和"乡学"两种。国学是中央设立的学校，有"大学"和"小学"之分。乡学是设在国都郊外六乡行政区中的地方学校。小学和大学是按入学年龄不同而划分的，小学设在王宫南边左侧，大学则设在国都的南郊。周天子的大学叫"辟雍"，诸侯的大学叫"泮宫"。所以古书上说，"天子曰辟雍，诸侯曰泮宫"。辟雍四周环以圆形水池，供天子举行缮射和自学；水南为"成均"，供习乐舞；水北为"上庠"，供习典书；水东为"东序"，供习干戈；水西为"瞽宗"，供习礼德。五学之中，辟雍最尊，故大学统称辟雍；四学之中，又以成均最尊。

95. 【答案】C

【考点】此题考查"六艺"的具体内容。

【解析】周代时期，教育内容因国学和乡学而有所不同。以国学而论，包括了德、行、艺、仪四个方面，具体内容则为六艺：礼（规章仪式）、乐（音乐舞蹈）、射（射箭）、御（骑马驾车）、书（历史）、数（数学），大学以诗、书、礼、乐为重点，小学则以书、数为重点。

选项A为"六经"，但据说《乐经》因秦始皇"焚书坑儒"而失传，因此后称"五经"。选项B只是作为C的干扰项。选项D中言、德、政、文为孔子的儒学所注重培养的才能。孔子的儒学不但注重诗、书、礼、乐，同时重视言、德、政、文等才能的培养。

96. 【答案】D

【考点】此题考查殷商时期学校的特点。

【解析】从文献记载来看，"庠""序"属于教育平民子弟的乡学，"学"则属于培养贵族子弟的国学，而"瞽宗"则可能是学习祭礼的学校。因为殷人迷信，祭祀盛行，在祭祀时多半配乐，乐官多由盲人担任，"瞽"就是盲人。选项D中"上庠""东序"属于周代时天子设立的大学中的"五学"之二，殷商时期并无此说法，并且与殷周时期"庠""序"为教育平民子弟的乡学的说法相矛盾。

97. 【答案】B

【考点】此题考查宋朝书院地理位置。

【解析】教育书院的出现和兴起是在宋代初年，在这个阶段，出现了一些规模较大的书院，历史上有"宋初四大书院"之称。但各地对于其名称与说法，意见并不一致。一说是石鼓书院（在今湖南省衡阳市）、岳麓书院（在今湖南省长沙市）、睢阳书院（又称应天府书院，在今河南省商丘市）和白鹿洞书院（在今江西省九江市庐山）；另一说有嵩阳书院（又称太室书院，在今河南省登封市）而无石鼓书院。但究其实，史书记载的宋初大书院有六个：石鼓书院、嵩阳书院、岳麓书院、睢阳书院、白鹿洞书院和茅山书院（在今江苏省句容市）。它们都因得到皇室的"御赐"而名扬天下。

98. 【答案】B

【考点】此题考查太学设立时间。

【解析】汉代的学校分官学和私学两类，而以官学最为发达。官学中有中央政府主办的"太学"和"鸿都门学"，也有地方政府主办的"郡国学"和校、庠、序等。汉代的太学，始于汉武帝时。史载，元朔五年（前124），武帝下令兴太学于京师，以"五经博士"为教官，为博士配弟子（即后来的太学生）50人。这就是中国历史上正式设立的第一所大学。太学之外，则为"鸿都门学"，这是汉灵帝于光和元年（178）设立的一所专科性质的学校，因设在都城的鸿都门下而得名。学生主要学习辞赋书画，类似今天的文化艺术学院。汉代的地方官学也有一个发展的过程。汉武帝时只有郡国学。所谓"郡国"乃是地方高级行政区划，"郡"直隶中央政府，行政长官称为"郡守"；

"国"则由分封的诸王统治。郡与国的地方官学称郡国学。直到汉平帝元始三年（公元3年）才明确规定：郡国设学，县邑设校，乡设庠，聚（自然村）设序。这样，从中央太学到郡国学、校、庠、序的封建教育体系就正式形成了。

99. 【答案】D

【考点】此题考查"监生"有关知识。

【解析】入国子监学习的人叫作"监生"。明清时代的监生没有唐代那样的出身限制，但因入学资格不同而分为四类：在京会试落第的举人，由翰林院择优选送入监就读的叫作"举监"；从各地方学校中选拔入监就读的叫"贡监"；三品以上官员子弟靠父荫入监就读的叫"荫监"；因监生缺额由普通人家捐资而特许其子弟入监就读的叫"例监"。此外，还有外国留学生在监就读，称为"夷生"。

100. 【答案】A

【考点】此题考查国子监内部人员结构。

【解析】国子监的最高领导人为祭酒，习惯上称作"国子祭酒"，一般都由学识渊博、声望较高的儒家学者担任。唐代文学家韩愈曾任此职。北京国子监的第一任祭酒是元代著名学者姚燧。国子监的副职是"司业"，协助祭酒管理全监事务，类似于今天的常务副校长，唐代诗人张籍，就因担任国子司业而被称为张司业。司业以下为"监丞"，坐绳愆厅办公；"典簿"，坐典簿厅办公；"典籍"，坐典籍厅办公，类似于今天的大学图书馆馆长，清代著名史学家章学诚曾任此职；"博士"和"助教"，分坐博士厅和六堂工作，负责讲解经义，他们就相当于今天的大学教授和讲师。

说明：第三部分"综合素质"为情境判断题，主要考虑考生的个人态度倾向，没有统一的标准答案。

仿真模拟试卷二

第一部分

1—6.【答案】C、F、B、A、E、G

【考点】本大题考查现代汉语中元音与辅音的知识。

【解析】现代汉语的普通话有 10 个元音：a、o、e、ê、i、-i [ɿ]、-i [ʅ]、u、ü、er。根据舌头起作用的部位，首先可以分为舌面元音（a、o、e、ê、i、u、ü）、舌尖元音（-i [ɿ]、-i [ʅ]）和卷舌元音（er）。根据舌位的前后、舌位的高低和唇形的圆展可以再进行划分，描述如下：

a：舌面央、低、不圆唇元音；

o：舌面后、中高、圆唇元音；

e：舌面后、半高、不圆唇元音；

i：舌面前、高、不圆唇元音；

u：舌面后、高、圆唇元音；

ü：舌面前、高、圆唇元音；

ê：舌面前、中高、不圆唇元音；

-i [ɿ]：舌尖前、高、不圆唇元音；

-i [ʅ]：舌尖后、高、不圆唇元音；

er：卷舌、央、中、不圆唇元音。

现代汉语普通话有 22 个辅音，辅音的性质由构成阻碍的部位（发音部位）和形成、克服阻碍的方式（发音方法）这两个方面来决定。分类如下：

发音方法 发音部位	塞音		塞擦音		擦音	鼻音	边音
	清		清		清	浊	浊	浊
	不送气	送气	不送气	送气				
双唇音	b	p				m	
唇齿音					f		
舌尖前			z	c	s		
舌尖中	d	t				n	l

发音方法 发音部位	塞音		塞擦音		擦音		鼻音	边音
	清		清		清	浊	浊	浊
	不送气	送气	不送气	送气				
舌尖后			zh	ch	sh	r		
舌面音			j	q	x			
舌根音	g	k			h		ng	

第1题"舌面前、高、不圆唇元音"描述的是元音i，故选C。第2题"舌面央、低、不圆唇元音"描述的是元音a，故选F。第3题"舌面前、中高、不圆唇元音"描述的是元音ê，故选B。第4题"双唇、不送气、清、塞音"描述的是辅音b，故选A。第5题"舌尖前、不送气、清、塞擦音"描述的是辅音z，故选E。第6题"舌根、不送气、清、塞音"描述的是辅音g，故选G。

7. 【答案】A

【考点】此题考查汉语拼音拼写规则的知识。

【解析】《汉语拼音正词法基本规则》规定了用《汉语拼音方案》拼写现代汉语的规则。内容包括分词连写法、成语拼写法、外来词拼写法、人名地名拼写法、标调法、移行规则等。该标准在"数词和量词"部分规定，表示序数的"第"与后面的数词中间，加短横，如dì-yī（第一），dì-shísān（第十三），故A正确。

8. 【答案】A

【考点】此题考查两类不同轻声词的知识。

【解析】从性质上来讲，轻声词有两种：

（1）轻声词有较强的规律性，叫语法轻声词。主要有以下几类：

① 语气词"吧、吗、呢、啊"等。例如："来吧""对吗""他呢""好啊"。

② 助词"的、地、得、了、着、过"等。例如："大的""算了""来过"。

③ 构词后缀"子、们、头"等。例如："椅子""我们""石头"。

④ 叠音名词和动词的重叠形式后面的字。例如："妈妈""宝宝""听听""研究研究"。

⑤ 用在名词、代词后面表示方位的语素或词，如"里、上、下、面、边"等。例如："桌子上""屋里""地底下"。

⑥ 用在动词、形容词后面表示趋向或变化的词"来、去、下去、起来"等。例如："带来""出去""起来""想起来""冷下去"。

⑦ 量词"个"。例如："这个""十五个""几个"。

⑧ 数词"一"夹在重叠动词之间，否定词"不"夹在动词或者形容词之间，

或在可能补语结构中,常常轻读。例如:"练一练""走一走""去不去""好不好""讲不清""拉不开"。

(2) 使用频率很高的一些双音节词(多用于口语)中,第二个音节习惯上要读轻声。例如:"大夫""丈夫""玻璃""休息"。

本题中"谢谢"因重叠而后一音节轻读,是一个具有较强规律性的语法轻声词,故 A 正确。而"认识""月亮""客气"是由于长期口语习惯而轻读的词汇轻声词。

9. 【答案】B

【考点】此题考查"不"的变调的知识。

【解析】"不"是普通话中最明显的变调之一,具体如下:

① "不"在第一声、第二声和第三声音节前,仍读第四声。如:不吃 bù chī,不如 bùrú,不想 bù xiǎng。

② "不"在第四声音节前,变为第二声。如:不要 búyào。

③ "不"在三音节词语之间时,常读为轻声。如:来不来 lái bu lái。

本题 A、C、D 三个选项中的"不"分别在第一、第三声音节前,因此仍读为第四声,而 B 项中的"不"在第四声音节"要"前,则变读为第二声,故 B 正确。

10. 【答案】A

【考点】此题考查词"本义"的概念以及一定的古文阅读能力。

【解析】本义指一个词的最初含义。《说文解字》:"信,诚也。从人从言。" A 项整句翻译为"真实的话听起来不好听,听起来好听的话不真实","信",意为"言语真实",这是"信"的本义,故 A 正确。B 项整句翻译为"亲近他们,信任他们","信",动词,意为"信任";C 项整句翻译为"想要在天下伸张正义","信",通"伸",意为"伸张";D 项整句翻译为"越国断粮了,让素忠做信使,请求吴国卖出粮食",信,名词,持有信物的外交使臣或传送函件或口头消息的人。

11. 【答案】C

【考点】此题考查正确书写汉字的能力。

【解析】"越"字共 12 画,故 C 正确。具体笔顺如下:

1	2	3	4	5	6	7	8	9	10	11	12
一	十	土	丰	丰	丰	走	走	走	越	越	越
横	竖	横	竖	横	撇	捺	横	竖提	斜钩	撇	点

12. 【答案】D

【考点】此题考查韵腹的相关知识。

【解析】普通话韵母的结构可以分为韵头、韵腹、韵尾三个部分。

① 韵头——主要元音前面的元音,又叫介音。由 i、u、ü 充当,发音总是轻而短,只表示韵母的起点。如 ia、ua、üe 中的 i、u、ü。

② 韵腹——韵母中的主要元音。充当韵腹的主要元音口腔开度最大、声音最响亮。韵腹是韵母的主要构成部分，由 a、o、e、ê、i、u、ü、-i（前）、-i（后）、er 充当。

③ 韵尾——是韵腹后面的音素，又叫尾音。由 i、u 或鼻辅音 n、ng 充当。

韵母中只有一个元音时，这个元音就是韵腹；有两个或三个元音时，开口度最大、声音最响亮的元音是韵腹。韵腹前面的元音是韵头，后面的元音或辅音是韵尾。韵腹是韵母的主要成分，一个韵母可以没有韵头或韵尾，但是不可以没有韵腹。

"牛"，拼音为"niú"，韵母为"i（o）u"，韵腹是"o"。根据《汉语拼音方案》的规定，当"iou""uei""uen"这三个韵母跟声母相拼时，要省写中间的元音"o"或"e"。A、B、C项中，"泥""贴""片"的拼音分别为"ní""tiē""piàn"，韵腹分别为"i""e""a"；D项"收"的拼音为"shōu"，韵腹是"o"，与"牛"的韵腹相同，故 D 正确。

13. 【答案】C

【考点】此题考查分析短语类型的能力。

【解析】"头疼"，主语是"头"，谓语是"疼"，"疼"陈述"头"的情况。前后有被陈述和陈述的关系，可以分析出主语和谓语，是一个主谓短语，故 C 正确。

14. 【答案】A

【考点】此题考查复合词的构词方式。

【解析】C项中词语"火车"的构词方式是偏正式，而 A、B、D 项"睡觉""山水""是非"都是联合式。联合式内部可以再分为四类：

① 意义相近、相同，可以互为说明。例如"思想""美丽"等；

② 意义相关、并列，但构成一个新的词义。例如"山水""手足"等；

③ 意义相反、对立，构成一个新的词义。例如"是非""往来"等；

④ 意义相关或相反，但是只有其中一个意义起作用，又叫"偏义复词"。例如"国家""睡觉"等。故 A 正确。

15. 【答案】D

【考点】此题考查与现代汉字形音义关系相关的几个概念。

【解析】

A. 异读字：一形对数音一义。不同读音之间没有语义和语用差别，仅仅是不同的人不同的习惯读法。如"熟"有"shú"和"shóu"两个读音。

B. 同形同音字：音形相同，义不相同。如"打"（打仗）和"打"（打哪里来）。

C. 异体字：指音义相同而字形不同的字。如，"拿"和"拏"。

D. 多音多义字，是同一个字形记录不同的读音和不同的字义。"量了量体温"中"量"读"liáng"，意思为"测量"；"量力而行"中"量"读

"liàng",意思为"衡量、估量"。两个"量"是多音多义字,故 D 正确。

16. 【答案】C

【考点】此题考查语素、单纯词和合成词的基本概念和区分。

【解析】语素是语言中最小的音义结合体。只有一个语素构成的词是单纯词。两个或两个以上语素构成的词叫合成词。

单纯词主要有:

① 联绵词:参差 仿佛(双声)
     窈窕 荒唐(叠韵)
     狼狈 狼藉(其他)
② 叠音词:猩猩 霏霏
③ 音译词:马达 可乐
④ 象声词:叮当 哗啦

"鼻子"和"工人"都是由两个语素构成的合成词,而"仿佛""马达"和"荒唐"都是只有一个语素构成的单纯词,故 C 正确。

17. 【答案】C

【考点】此题考查"本义""基本义""引申义"以及"比喻义"这几个基本概念及其区别。

【解析】本义指词的原始意义。基本义指词最常用、最核心的义项。引申义则是在本义或基本义的基础上,通过事物之间的相互性联系推演发展出来的意义。比喻义,即借用词的一个义项来喻指与之无关的事物。比喻义是词的比喻用法固定下来的意义,它源自事物之间的相似性。

"打"从手,丁声,本义"击"。"打"的基本义是"用手或器具撞击物体(打门、打鼓)"。"打针"中的"打"有"扎入、注入"之义,是"打"的引申义,故 C 正确。

18. 【答案】C

【考点】此题考查疑问句类型的知识。

【解析】按照结构特点,疑问句可以分为是非问、特指问、选择问、正反问四类。其中,是非问句是在句末用"吗""吧"或上升语调提出疑问,要求对方作肯定("是")或否定("非")的回答。特指问句是提问时用疑问代词代替未知部分即疑问点,答问时针对疑问点来回答。选择问句是提出两种或几种看法,希望听话人选择其中一项来回答。在结构上出现并列的两项或几项,经常用"是……还是……"来连接。正反问句是谓语内用肯定(正)、否定(反)的并列式提问,让对方作肯定或否定的回答。此题中"您出门时愿意坐火车还是坐飞机呢",是典型的选择问,故 C 正确。

19. 【答案】B

【考点】此题考查现代汉语词汇正确规范的读音。

【解析】"比较"的正确读音为 bǐjiào,B 正确。

20. 【答案】C

【考点】此题考查几种不同语义的补语类型。

【解析】"得"用在动词或形容词之后，引出表示可能、情态或程度的补语，例如：

  吃得完　　　　　　　　［可能补语］

  洗得很干净　　　　　　［情态补语］

  好得很　　　　　　　　［程度补语］

而结果补语，表示动作、变化的结果，由动词、形容词充当。结果补语紧跟在谓语后，谓语和补语之间不能插进别的成分，如"吃饱""听懂"等。

本题中"快得很"用"很"表示"快"的程度，是程度补语，故 C 正确。

21. 【答案】C

【考点】此题考查分析短语类型的能力。

【解析】偏正短语表示修饰、限制的关系，修饰语在前，中心语在后。分为两类：定中短语（"新方案""野生动物"）和状中短语（"特别响亮""慢慢看"）。动宾短语表示支配或干涉的关系，动词在前，宾语在后，如"讨论问题""受到表扬"。连谓短语由两个或两个以上谓语性成分连用而成，表示连续的几个动作，各成分共用一个主语，且具有时间顺序。兼语短语是由动宾短语和主谓短语套叠在一起构成的，动宾短语的宾语兼做主谓短语的主语。

此题中的"坐火车去旅行"是连谓短语，"坐火车"和"去旅行"这两个动作有先后关系，且有同一主语，故 C 正确。

22. 【答案】C

【考点】此题考查辨析近义词的能力。

【解析】"旅行"和"游览"都是动词，两者最主要的区别是"旅行"为不及物动词，不能带宾语，而"游览"是及物动词，后面可带宾语，故 C 正确。

23. 【答案】A

【考点】此题考查相对程度副词和绝对程度副词的基本概念。

【解析】此题中四个选项都是程度副词。程度副词按是否可以进入具有明确比较项句法环境，可分为相对程度副词和绝对程度副词。

相对程度副词可以进入具有明确比较项的句法环境，例如：小明比小王跑得［还］快。／在我们班，小明跑得［最］快。／小王比小方跑得［稍微］快一点。

绝对程度副词则不可以进入具有明确比较项的句法环境。可以说"这件衣服［太／很／非常］大"，但不能说"这件衣服比那件［太／很／非常］大"。

此题中，"还"是相对程度副词，而"太、非常、有些"都是绝对程度副词，故 A 正确。

24. 【答案】A

【考点】此题考查分析复句类型的能力。

【解析】转折复句是正句和偏句语意上相反或者相对，典型的关联词语是"虽然/尽管……但是/然而……"等。假设复句是偏句提出假设，正句表示假设实现后产生的结果，可分为两种：一种是偏句与正句语意上相一致，典型的关联词语是"如果……那么/就……"等；一种是偏句与正句语意上相背，典型的关联词语是"即使/哪怕/再……也……"等。递进复句是后面分句在程度、范围、数量等方面比前面分句有更进一层的意思，典型的关联词语是"不但/不仅……而且……"等。并列复句是两个或几个分句说明有关联的几件事或一个事情的不同方面，典型的关联词语是"既……又……"等。

"机票虽然比较贵，但是常常打折"，两个分句之间是"事实—转折"关系，是转折复句，故 A 正确。

25. 【答案】B

【考点】此题考查对课文功能项目的把握。

【解析】本篇课文主要比较坐火车和坐飞机去旅行的优缺点，表达的功能项目是比较，故 B 正确。

26. 【答案】D

【考点】本题主要考查名词指称的知识。

【解析】泛指的用法如："借支笔给我，行吗?"句中的"笔"是泛指，并不确指哪一支特定的笔。

全指的用法是把词语与所指对象的整个集合联系起来，如"蜡梅冬天开花"，"蜡梅"指所有的蜡梅。

不定指是把所指对象作为陌生事物引入话语而向听话者陈述，一般通过数词"一"与量词组成数量短语。定指则是发话者认为听话者已经了解，把所指对象作为已知事物向听话者陈述，最常用的是指示代词"这""那"。

本题中的"一家饺子店"是不定指用法，故 D 正确。

27. 【答案】B

【考点】此题考查副词类别的知识。

【解析】"正好"是表达"契合"的语气副词，指某种情况或现象的发生恰到好处，不期而遇，不谋而合，如"我刚想派人去叫你们，你们正好来了"，故 B 正确。

28. 【答案】B

【考点】此题考查介词"和"与连词"和"的区分。

【解析】"他第一次吃饺子是和波伟一起去的"中"和"以及 A、C、D 项各句中的"和"都是连词，连接名词或代词，表示并列，且所连接的成分平等，不分主次，互换位置后意思不变。而 B 项中的"和"是介词，前后两部分有主次之分，不能互换。若调换位置，意思就变了：他老是爱和我开玩笑≠我老是爱和他开玩笑。故B正确。

29. 【答案】C

【考点】此题考查分析名词性词语语义角色的能力。

【解析】名词性词语经常担任的语义角色有：

① 施事，表示发出动作、行为的主体，如"晒太阳"中的"太阳"。

② 受事，因施事的动作行为而受到影响的事物，如"打开窗户"中的"窗户"。

③ 与事，动作行为的间接承受者，如"他们教我英语"中的"我"。

④ 主事，性质状态或发生非主变化的主体，如"花很红"中的"花"。

⑤ 致事，事件或变化的引发者，如"惨案震惊了世界"中的"惨案"。

⑥ 工具，动作、行为所凭借的器具或材料，如"小王用钥匙开门"中的"钥匙"。

⑦ 方所，动作、行为发生或开始、结束的场所、方位或范围。如"在学校读书"中的"学校"。

⑧ 时间，动作行为、事件发生或开始、结束的时间，延续的时段，如"看了三天"中的"三天"。

"吃大碗"是"动作—工具"关系，名词"大碗"的语义角色是工具，不是与事，故选C。

30. 【答案】B

【考点】此题考查"把"字句的基本概念。

【解析】"把"字句，是指在谓语动词前用介词"把"引出受事，对受事加以处置的一种主动句。所谓处置，是指谓语动词所表示的动作对"把"字引出的受事施加影响，使它产生某种结果，发生某种变化，或处于某种状态。故B正确。

31. 【答案】C

【考点】此题考查对"把"字句特点的把握。

【解析】"把"字句有如下特点：

① "把"的宾语一般说在意念上是有定的、已知的人或事物，因此前面会带上"这、那"一类修饰语。因此B句错误，可以改为"请把这/那支笔给我"。

② "把"字短语和动词之间一般不能加能愿动词、否定词，这些词只能置于"把"字前。所以A、D两句错误，正确的应为"我想把事情弄清楚""你别把宠物带进来"。因此，完全正确的"把"字句是C项。

32. 【答案】A

【考点】此题考查对几种基本句式的把握。

【解析】存现句是表示什么地方存在、出现或消失了什么人或物的一种句型，它的格式可描述为"处所词语＋动词＋人或物"。

名词性谓语句指由名词性词语充当谓语的主谓句。形容词性主谓语句指由形容词性词语充当谓语的主谓句。主谓谓语句是指由主谓短语充当谓语的句子。

"上面写着很多种饺子的名字和价格"中"上面"表示处所,"写着"表示存在,"很多种饺子的名字和价格"表示存在的对象,本句为存在句,故A正确。

33. 【答案】C

【考点】此题考查现代汉语中单句、复句的概念和两者的区别以及分析分句的能力。

【解析】"他俩要了四两鸡肉饺子,四两牛肉饺子,还要了两碗汤"是一个复句,包含两个分句:"他俩要了四两鸡肉饺子,四两牛肉饺子"(分句一)和"还要了两碗汤"(分句二)。这里需要注意的是,"四两牛肉饺子"不是一个单独的分句,"他俩要了四两鸡肉饺子,四两牛肉饺子"中间是一个句内停顿。A、B都是单句,B中"只有在考试之前"作状语,也不是一个分句;C是一个连贯复句,有两个分句;D是一个多重复句,含有3个分句。故与画线句分句数目相同应选C。

34. 【答案】C

【考点】此题考查汉字造字法的知识。

【解析】象形者,画成其物,随体诘诎,日月是也。指事者,视而可识,察而见意,上下是也。会意者,比类合谊,以见指㧑,武信是也。形声者,以事为名,取譬相成,江河是也。

《说文解字》:"夹,持也。从大挟二人。"夹,从左右两侧扶持。字形采用"大"和两个"人",表示被两人从左右两边挟持。用两个或几个偏旁合成一个字,把这些偏旁的意义合成新字的意义,这种造字法叫作会意,故C正确。

35. 【答案】A

【考点】此题考查大脑左右脑分工的知识。

【解析】大脑右半球主管形象、知觉、空间等跟形象思维有关的活动;左半球则主管抽象思维,主要是语言、概念和计算能力。掌管人类语言的是左半球,故A正确。

36. 【答案】A

【考点】此题考查大脑语言功能区中布洛卡区的知识。

【解析】布洛卡区,是19世纪60年代法国神经解剖学家保罗·布洛卡(Paul Broca)发现的,在大脑左半球前部,是大脑的说话中枢,故A正确。

37. 【答案】D

【考点】此题考查大脑语言功能区中韦尼克区的知识。

【解析】韦尼克区，是1874年德国神经学家卡尔·韦尼克（Carl Wernicke）发现的，在大脑左半球的后部，是大脑的听觉性语言中枢，故D正确。

38．【答案】D

【考点】此题考查大脑语言功能区中韦尼克区受损的相关知识。

【解析】韦尼克区，即人的听觉性语言中枢，该区域受损的人可以听到别人说话，但不能理解，同时自己表达也有问题，称为感觉性失语症，故D正确。

39．【答案】C

【考点】此题考查关于大脑功能侧化的相关假说。

【解析】冯菲尔德和罗伯兹是语言学习"关键期假说"的先驱，提出了"最佳年龄"概念。而于60年代提出语言习得的"关键期假说"的是伦尼伯格（E. Lenneberg），故C正确。

40．【答案】C

【考点】此题考查语言关键期假说的具体内容。

【解析】语言习得的关键期，就是指在青春期（12岁左右）以前，由于大脑语言功能侧化尚未完成，左脑和右脑都能参与语言习得的这段时期。此时大脑灵活，是习得母语的最佳时期，故C正确。

41-45．【答案】A、C、D、B、C

【考点】本大题考查的是第二语言教学法流派的相关知识。

【解析】影响较大的教学法流派按其所体现的主要语言教学特征可分为四大派：

		重语言结构规则		重语言功能意义	
第二语言教学法流派		课堂中自觉学习		课堂内外交际中自然习得	
		认知派	经验派	人本派	功能派
		语法翻译法 自觉对比法 认知法	直接法 阅读法 情景法 听说法 视听法	团体语言学习法 默教法 全身反应法 暗示法	交际法
		自觉实践法		自然法	
语言学理论基础	转换生成语法理论		结构主义语言学		功能主义语言学
心理学理论基础	认知心理学		联结-行为主义心理学		人本主义心理学

46．【答案】C

【考点】此题考查短时记忆的基本概念。

【解析】短时记忆又称操作记忆，是在头脑中保持较短时间的记忆。短时记忆容量有限，信息一次呈现后能在短时记忆中正确回忆起7±2个信息单位，以数字计大约为5至7个数，不相连的字母为7个，无关联的汉字一次则能记住6个，故C正确。

47. 【答案】B

【考点】此题考查艾宾浩斯遗忘曲线的知识。

【解析】遗忘曲线是由德国心理学家艾宾浩斯（H. Ebbinghaus）研究发现的。遗忘在学习之后立即开始，而且遗忘的进程并不是均匀的。最初遗忘速度很快，以后逐渐缓慢，故B正确。

48. 【答案】C

【考点】此题考查"过度学习"策略的概念。

【解析】过度学习，不是毫无限度的"超度学习"。一般认为在一定范围内，过度学习是必须的，超过了一定限度，就是很不经济的，因为过度学习需要更多的时间和精力。一般来说，学习程度以150％为佳，其效应也最大。超过150％，会因学习疲劳而发生"报酬递减"现象，学习的效果就会逐渐下降，出现注意分散、厌倦、疲劳等消极效应，故C正确。

49. 【答案】D

【考点】此题考查第二语言课堂教学局限性的知识。

【解析】A、B、C项都是课堂教学存在的问题，而课堂教学最根本的缺陷在于难以提供真实的交际情景，也难以进行真正的交际活动，故D正确。

50. 【答案】D

【考点】此题考查不同学习结果类型的知识。

【解析】加涅在《学习的条件与教学论》一书中，将人类学习的结果分为五种类型：一、言语信息；二、智慧技能；三、认知策略；四、动作技能；五、态度。前三种属于认知领域，第四种属于动作领域，第五种属于情感领域。"态度"不属于认知领域，故选D。

第二部分

51-55.【答案】A、D、E、B、C

【考点】本大题考查对《国际汉语教学通用课程大纲》中《常用汉语语法项目分级表》的了解。

【解析】《国际汉语教学通用课程大纲》中《常用汉语语法项目分级表》将语法项目划分为五个等级：

一级语法项目	1. 动词谓语句（"是"字句、"有"字句） 2. 用"吗""吧""呢"的一般疑问句 3. 形容词谓语句 4. 名词谓语句（主＋年龄/籍贯等） 5. 用"不"的否定句 6. 祈使句：表示礼貌请求 7. 感叹句 8. 人称代词（复数人称代词、指示代词） 9. 程度副词作状语 10. 数词 11. 常用量词 12. 连词
二级语法项目	1. 时间名词（年月日的表达、星期的表达、时点的表达） 2. 人民币钱数的表达 3. 名词谓语句（主＋时间/钱数） 4. 时间状语 5. 地点状语 6. 所属关系的表达 7. 方位词（简单方位词、合成方位词、方位词组） 8. 用疑问代词的特殊疑问句 9. 存在的表达（"在"字句、"有"字句、"是"字句） 10. 距离的表达 11. 意愿的表达："要""想" 12. "的"字结构 13. 动词重叠、动词＋"一下儿" 14. 常用量词 15. 范围副词作状语（都、也）

三级语法项目	1. 介词：引进空间方位作状语（从、向、往、从……到……） 2. 事件正在进行的表达 3. 助词"着"的用法 4. 存现句 5. 助词"了"的用法 6. 用"没（有）"的否定句 7. 类同的表达 8. 比较句（"比"字句、"比"字句的否定） 9. 副词"最" 10. 双宾语句 11. 连动句 12. 选择疑问句 13. 正反疑问句 14. 用"怎么"询问方式 15. 用"怎么样""好吗""可以吗""行吗"的疑问句 16. 能愿动词（能、会、应该、可以、愿意） 17. 介词：引进对象作状语（跟、给）
四级语法项目	1. 时间副词作状语（还、已经、再和又、就和才） 2. 助词"了"的用法 3. 助词"过"的用法 4. 时量补语 5. 动量补语（次、遍、趟） 6. 比较句 7. 兼语句 8. 特殊句式：是……的（强调时间、强调空间方位、强调方式） 9. 用"怎么了"的疑问句 10. 复句
五级语法项目	1. 结果补语（一般形容词作结果补语、"完"作结果补语、"到"作结果补语、"好"作结果补语、结果补语的否定） 2. 结果补语的可能式（肯定的可能式、否定的可能式） 3. 常用的可能补语 4. 趋向补语（简单趋向补语、复合趋向补语、趋向补语的引申用法、趋向补语的可能式） 5. 程度补语（程度补语、动词受事在程度补语的位置） 6. "把"字句 7. 被动意义的表达（意义上的被动句、"被"字句） 8. 各种复句

56—61. 【答案】C、D、A、E、B、F

【考点】本大题考查将系列语法项目按常用度和难易度进行实际教学安排的能力。

【解析】参照《对外汉语教学语法大纲》《汉语水平等级标准与语法等级大纲》《对外汉语教学初级阶段教学大纲》《高等学校外国留学生汉语教学大纲（长期进修）——语法项目表》《高等学校外国留学生汉语言专业教学大纲》等语法大纲，以及中国人语料和留学生比较句的使用频率和偏误，本题中几种形式的比较句按常用度和难易度，理想的教学顺序应为：等比句——一般比字句——清晰度量比字句——模糊度量比字句——预设比字句——比字句话语否定式，故正确顺序为C—D—A—E—B—F。

62. 【答案】A

【考点】此题考查复合趋向补语的概念及其教学的相关知识。

【解析】复合趋向补语有"上来、上去、下来、下去、进来、进去、出来、出去、回来、回去、过来、过去、起来、开来、开去、到……来、到……去"等，现代汉语中复合趋向补语不仅有趋向义，还有一个甚至多个引申义。以汉语"起来"与英语"up"为例，表示动作趋向，汉语"站起来"，英语"stand up"；表示动作结果，汉语"想起来"，英语"remember"；表示状态发展，汉语"胖起来"，英语"get fatter"。可见汉英不是简单对应关系，所以翻译法在复合趋向补语教学中通常是行不通的，故选A。B项情景法，如教"进来"和"进去"，可以通过在一个具体情景中演示动作来引出；C项图示法，如教"上来"和"上去"，在图片中可以标出一个人上楼和下楼的方向来向学生讲解；D项公式法，如教师可在黑板上写出"V＋上来/上去"，使学生明确趋向补语的结构。

63. 【答案】C

【考点】此题考查对偏误句的实际分析能力。

【解析】鲁健骥在《外国人学汉语的语法偏误分析》（1994）中将偏误类型分为误代、遗漏、误加、错序、杂糅。

A. 写毛笔字［写］了三四年，可是写的诗的内容都不知道。【遗漏动词"写"】

B. 我没有时间，所以我很着急了。【误加句末的"了"】

C. 你什么时候来中国了？【语气词的误代，句末的"了"应改为"的"】

D. 我们不克服缺点，就我们不能进步。【错序，"就"应放在"我们"之后】

因此，同为误代偏误的选C。

64. 【答案】A

【考点】此题考查分析学生偏误来源的能力。

【解析】学生的偏误来源有：母语负迁移、目的语负迁移、文化因素负迁移、学习策略和交际策略的影响。

A 项是因为母语负迁移而造成的偏误。在英语中"marry"是及物动词，而在汉语中"结婚"是不及物动词，学生受到母语负迁移的影响产生该偏误。

B、C 项是因为过度泛化而造成的偏误。过度泛化主要指学习者采用推理的方法，把新获得的目的语知识不恰当地扩大使用而造成偏误。B 项中"两小时"应为时量补语，此处为状语的过度泛化；C 项中，形容词重叠后不能再用"很"修饰，此处为副词"很"的过度泛化。

D 项是由于简化而产生偏误。简化指学习者故意减少他们认为的目的语的冗余信息，将复杂的句子分成几个简单的句子。D 项句应为"他不高兴地走了"。

综上，偏误最可能源于母语负迁移的是 A。

65. 【答案】C

【考点】此题考查简单应用文写作课的课堂教学步骤。

【解析】简单应用文的课堂教学步骤一般是：

第一、展示范文；

第二、跟学生一起分析范文（包括结构、格式、特定用语等）；

第三、老师给出情景、条件，以至词语，让学生练习写作；

第四、修改、讲评，可以拿学生写的应用文让全班同学分析，加深印象。

因此，正确的排序应为②④①③，故 C 正确。

66. 【答案】A

【考点】此题考查对近义词的辨析。

【解析】

A. "离婚—离异"是语体色彩的差异。

B. "书—书籍"是个体名词与集体名词的差异。

C. "失望—绝望"是语义轻重不同。

D. "战役—战争"是范围大小不同。

67. 【答案】A

【考点】此题考查第二语言写作教学法的相关知识。

【解析】控制法的基本理念是：在写作教学中，教师严格控制语言输出的内容与形式，限制词语、语法、语段、篇章结构等使用的范围和标准。其教学模式是教师决定练习项目与套路，学生进行机械练习。组句成段练习、看图作文等训练方法主要体现了控制法的理念，故 A 正确。

68. 【答案】A

【考点】此题考查对课文、生词等难度水平的把握。

【解析】本课生词主要是 HSK 四级水平的词汇，涉及的句式较为基础，课文较短且是以对话的形式出现，可以判断出教学对象是初级阶段的学生，故 A 正确。

69. 【答案】A

【考点】此题考查对课文重要语言点的把握。

【解析】课文中多次通过"我身体有点儿不舒服""你脸色不太好""这几天天气太热"等主谓谓语句来评论主题,这是本课的语法重点。通过学习主谓谓语句,学生要能够正确使用主谓谓语句合理介绍某个人物特点、地方特点、季节特点等,故A正确。

70. 【答案】D

【考点】此题考查对课文重点生词的把握。

【解析】"空调"不是本课的重点生词,教师通过图片或直接释义即可说明其词义,不需要重点进行讲解,故D正确。

71. 【答案】D

【考点】此题考查对语素扩展法的实际运用。

【解析】在汉语词汇教学中,除了讲练目标词语的词义和用法外,还要将词语中的语素(字)加以离析,然后以一定的义项为单位与其他已学或未学的词素再结合,从而巩固所学词语和扩大新词的学习范围。这种方法叫"语素扩展法"。

"季"是一个使用频率较高的语素,教师可以利用语素扩展法补充"季节""四季","春季""夏季""秋季""冬季"和"一年四季"等较常用的词汇,故D正确。

72. 【答案】A

【考点】此题考查对课文功能和任务目标的把握。

【解析】本课课文内容主要是谈天气和季节,谈身体状况只有两句话,且是作为过渡性的话,不是本课主题,因此本课的功能和任务目标主要是:(1)听天气预报以后,谈某一天的天气;(2)介绍自己国家的季节和天气;(3)介绍当地天气。A选项不是本课的主要功能,故选A。

73. 【答案】B

【考点】此题考查听说法的基本知识。

【解析】视听法强调在一定的情景中听觉感知与视觉感知相结合的教学方法。听说法强调通过反复的句型结构操练培养口语听说能力,又称"句型法"或"结构法"。自觉实践法主张学习者在自觉掌握一定语言理论知识基础上,通过大量言语实践活动直接运用目的语。交际法以语言功能和意念项目为纲,培养在特定的社会语境中运用语言进行交际的能力。"认知—模仿—重复—变换—选择"是特瓦德尔归纳的听说法的教学过程,故B正确。

74. 【答案】B

【考点】此题考查对汉语能力等级和HSK等级对应关系的了解。

汉语能力等级	HSK等级标准	目标词汇量
初级	一级	150
初级	二级	300
初级	三级	600
初级	四级	1200
中级	五级	2500
高级	六级	>5000

HSK四级需要学生掌握1200个词汇，故B正确。

75. 【答案】A

【考点】此题考查对外汉语教学特点的知识。

【解析】对外汉语教学的特点：以培养汉语交际能力为目标，交际能力不限于听说能力，以技能训练为中心，将语言知识转化为技能，以基础阶段为重点，以语言对比为基础，与文化因素紧密结合，集中、强化的教学。

对外汉语教学以培养汉语交际能力为目标，交际能力不限于听说能力，所以"以培养汉语听说能力为目标"表述错误，故选A。

76. 【答案】C

【考点】此题考查外汉语教学课型设置的知识。

【解析】综合课，又称精读课，结合语言要素、语言知识的传授以及语用规则、社会文化知识的教学对学习者进行全面的、综合的语言训练。汉语技能课，是为培养听、说、读、写四种专项技能而设置的课型。特殊目的课是把专项技能和学习者的特殊要求结合起来进行特殊训练的课型，例如商务汉语、中医汉语、科技汉语、经贸口语、报刊阅读等。语言要素课以汉语语音、词汇、语法、文字四要素为主要教学内容的课型。科技汉语属于特殊目的课，故C正确。

77. 【答案】A

【考点】此题考查语构文化、语义文化和语用文化这几个概念。

【解析】语构文化指词、词组、句子和话语篇章的构造所体现的文化特点，反映了民族的心理模式和思维方式。中国传统哲学强调人与自然客体的和谐、融合，注重对客观世界通过直觉体验领悟和把握。这种文化心理反映到汉语的词、词组、句子和篇章结构上，就形成了不注重形式标志、强调语言结构内部意义关系"意合"的特点。汉语的意合性带来语言结构的灵活性和简约性，而汉语词的兼类现象就是灵活性的一大体现，故A正确。

B、C项体现了语义文化，D项体现了语用文化。语义文化指语言的语义系统，主要指词汇中所包含的社会文化涵义，它反映了民族的心理模式和思维方式。首先是一个民族文化中特有的事物和概念体现在词汇中,而在别的语言中没有对应的词语,更多的则是某一事物或概念虽在不同的语言中有相对应词语,但词义却存在很大差别。语用文化指语言用于交际中的语用规则和文化规约,是由不同民族的文化、特别是习俗文化所决定的。

78. 【答案】C

【考点】此题考查汉语教材类别的知识。

【解析】

A.《桥梁》是课文型课本代表。该类教材以课文作为语言教学内容的黏合剂,以讲授课文为主,通过课文学习语言结构和词语。

B.《汉语教程》是结构型课本代表。该类教材以结构为纲,根据语法或句型结构的难易程度和词语分布安排教学内容及顺序。

C.《新实用汉语课本》是结构—功能型课本代表。该类教材以结构安排为基础,同时考虑到结构所表达的功能,使结构应用于一定的功能,故 C 正确。

D.《汉语会话301句》是功能—结构型课本代表。该类教材由功能占支配地位,在一定的功能下教结构。

79. 【答案】D

【考点】此题考查对阅读课课程目标的把握。

【解析】学习者的理解能力包括对字、词、句、段落、篇章等各个层次的理解。其中理解篇章是阅读的核心。虽然在训练阅读能力的时候,可以按照理解字、词、句、段落、语篇的程序来进行单项训练,但理解字、词、句的最终目的是理解篇章,故 D 正确。

80. 【答案】B

【考点】此题考查阅读课教学中的相关问题。

【解析】初级水平的阅读速度,可以从80—100字/分开始,逐渐提高至100—120字/分。中级的起点为100—120字/分,以后逐渐提高至120—150字/分。以此类推、互相衔接,高级水平最高可达到180—200字/分,比较接近母语使用者的阅读速度,故 B 正确。

81. 【答案】C

【考点】本题综合考查汉字基础知识以及汉字教学的实际操作能力。

【解析】A、B、D 项都可以进行趣解汉字:

"灭",火上用很大的东西一压,火就灭了。这是灭火的好方法。

"从",一个人跟着另外一个人。

"泪",眼睛"目"里面流出来的水,就是眼泪。

而"散"作为一个形声字,不适用此种方法进行释义,故选 C。

82. 【答案】A

【考点】此题考查对教师角色的理解。

【解析】教师要在教学中扮演以下重要角色：设计者、信息源、指导者和促进者、组织者和管理者、平等中的首席、反思者和研究者、终身学习者。

在课堂活动中，教师的引导作用主要体现在：引导学生独立思考，主动发现、总结语言规律；引导学生正确使用语用规则、学习策略；引导学生主动地进行语言实践等。故 A 正确。

83. 【答案】C

【考点】此题考查课堂活动的设计原则。

【解析】课堂活动应该具有可操作性，因此活动在时间、程序、道具准备等方面的安排上，教师应当有所控制。时间不宜过长，活动程序不宜过于烦琐、复杂。故 C 正确。

84. 【答案】C

【考点】此题考查教师对课堂的管理和控制。

【解析】目光是一种无声的语言。对于个别学生注意力不集中、交头接耳等行为，教师有时候并不需要中断教学，可以利用目光注视，把目光停留在该生身上一段时间，不露声色地让学生意识到教师已经注意到他。而沉默几秒更适用于学生过于吵闹，影响他人学习等情况。故 C 正确。

85. 【答案】D

【考点】此题考查课堂学习中座位布置的知识。

【解析】座位的布置对学生参与学习活动的积极性、课堂气氛等都有着不同程度的潜在影响。传统式座位适于独立的课堂作业、提问和回答，有助于学生将注意集中于教师，使学生更容易配对学习。U型座位是教师站在U型入口处，学生面朝教师而坐，教师与学生距离较近，适合于教师和学生一道讨论研究问题。圆形座位是全班同学围坐成一个大圆形，中间空间大，便于开展班会、游戏等活动。模块型座位常用于分组课堂活动，即把学生按小组分为不同的座位模块和区域，这种方式便于学生交流，容易形成竞争，课堂气氛比较活跃，故 D 正确。

86. 【答案】C

【考点】此题考查教学评价的基础知识。

【解析】安置性评价是在教学开始之前对学生的表现进行的评价，其目的是确定每个学生在教学进程中的位置以及选择最适合学生的教学方式。诊断性评价是对经常表现出学习困难的学生所做的评价。形成性评价一般是在教学过程中进行的，可以通过课堂提问、单元测验、期中或期末测验等来实施。这种评价的目的在于了解教学的结果以及学生学习的情况，以便教师及时了解教学中取得的成绩和存在的问题，调整或改进教学工作，使教学在不断地测评、反馈、调整的过程中趋于完善，最后达到教学目标。总结性评价是在一门课程或教学活动结束后，判断是否达到教学目标，检查教学的有效性和教材教法的适当性，考核学生的学习效果，确定学生的最终成绩。本题随堂小测试是在教学中进行，是形成性评价，故 C 正确。

87. 【答案】D

【考点】 此题考查口语课课堂组织的知识。

【解析】 对于语言教学班来说，一般的班级人数会控制在 20 人、甚至 15 人以下。如果一个班的班级人数超过 20 人，那么教师组织课堂和设计课堂活动时就会觉得有些吃力。特别是口语课上，如果班级人数过多，那么相应的每个学生的开口机会就会变少。故 D 正确。

88. 【答案】D

【考点】 此题考查根据要求和相关目的对学生分组的能力。

【解析】 同质分组是把学习能力、汉语水平、性格等方面比较一致的学习者分为一组。教师采用同质分组的方式最能将口语表达能力相当的同学分在一组，故 D 正确。

89. 【答案】C

【考点】 此题考查交际法的基本概念及其理念。

【解析】 直接法主张以口语教学为基础，按幼儿习得母语的自然过程，用目的语直接与客观事物相联系而不依赖母语，不用翻译。听说法强调通过反复的句型结构操练培养口语听说能力。交际法又称"交际语言教学""功能法"，是以语言功能和意念为纲，培养在特定的社会语境中运用语言进行交际能力的一种教学法。交际法的语言观认为：语言是表达意义的系统，其基本功能是社会交际。因此，第二语言教学的目的不仅是让学习者掌握语言的规则，能正确地运用语言，更要掌握语言的使用规则，得体地使用语言。认知法主张在第二语言教学中发挥学习者智力的作用，通过有意识地学习语音、词汇、语法知识，理解、发现、掌握语言规则，并能从听、说、读、写方面全面地、创造性地运用语言。在课堂上模拟真实交际情景进行角色扮演体现了交际法的理念，故 C 正确。

90. 【答案】B

【考点】 此题考查对不同层次练习的了解。

【解析】 机械性练习是指单一的、模仿性的多次重复。主要目的是让学生形成对语言刺激的快速和准确反应。例如，朗读、跟读、词语替换、句型转换等，是对语言的准确性训练。

当机械性练习与一定的情景相结合就形成了有意义的练习，或者叫活用练习、半控制性练习。这种情景可以是真实的、假设的，也可以是结合上下文的，例如情景对话、复述、完成句子、看图回答问题等。有意义练习的目的在于帮助学习者巩固所学的语言项目，是对语言的流利性训练。复述故事是一种半控制性的有意义练习，故 B 正确。

91. 【答案】C

【考点】 此题考查不同纠错方式的相关知识。

【解析】诱导补充指的是教师通过提问，引导学生补充完成句子，启发学生用正确的形式表达，故 C 正确。

A 项是自动重说，由教师自动纠正学生的错误，给出正确的语言形式。B 项是请求澄清，这种纠错通过教师故意地制造机会，如"我没听清楚""对不起，请再说一遍"，委婉地告诉学生他的表达有问题，需要重新组织。D 项属于重复，教师重复学生的错句，通过改变自己的语调或改变句子的重音来提醒学生这句话的表达有问题。

92. 【答案】C

【考点】此题考查教案编写的知识。

【解析】一般来说，教案应该包括：

① 基本信息，包括课程名称、课型、授课教师、授课地点、教学对象、课时总数等；
② 教学内容；
③ 教学目标；
④ 教学重难点；
⑤ 教学时间安排；
⑥ 教具准备；
⑦ 教学方法；
⑧ 教学环节与步骤；
⑨ 板书设计；
⑩ 教学后记。

其中，教学环节与步骤是一份教案的重点，教师应当周密计划、精心设计安排，并且在准备上尽量细化，故 C 正确。

93. 【答案】A

【考点】此题考查对泰国文化风俗的了解。

【解析】泰国被奉为"微笑的国度"。泰国人热情、友善，一般很难生气，一个微笑或道歉常常可以化干戈为玉帛。但是，与泰国人相处，要避免触摸他们的身体，尤其是头顶，也不要用脚指人，故 A 正确。

94. 【答案】B

【考点】此题考查对韩国文化风俗的了解。

【解析】韩国的礼仪规范丰富，已经形成了一套详尽的程式化的身体语言，用来培养良好融洽的人际关系。该国人对名片非常重视，当对方递交名片时，应礼貌地接过来并仔细阅读，故 B 正确。

95. 【答案】D

【考点】此题考查对埃及文化风俗的了解。

【解析】埃及人认为"右比左好"，右是吉祥的，做事要从右手和右脚开始，握手、用餐、递送东西必须用右手，穿衣先穿右袖，穿鞋先穿右脚，进入家门和清真寺先迈右脚。

埃及人不忌讳外国人来家中访问，甚至很欢迎外国人的到来，并引以为荣。但是异性拜访是禁止的，即使在埃及人之间，男女同学、同事也不能互相去对方的家中拜访，故D正确。

96. 【答案】C

    【考点】此题考查对德国文化风俗的了解。

    【解析】在德意志哲学、政治、音乐、文学以及科学技术历史上，莱布尼茨、康德、黑格尔、马克思、恩格斯、巴赫、贝多芬、瓦格纳、歌德、席勒、海涅、格林兄弟、普朗克、爱因斯坦……这些光辉的名字足以说明德意志民族的思辨和理性、才智与创造。

    德国人喜欢按计划办事，因此他们无论年龄大小、职位高低，都有随身带笔记本的习惯。他们做事情必定事先拟好计划，体现出严格认真的态度。德国人大都严肃沉稳，不尚浮夸。故C正确。

97. 【答案】A

    【考点】此题考查古代丝绸之路的知识。

    【解析】公元前138年，汉武帝派张骞出使西域，以西汉时期长安（今西安）为起点，经甘肃、新疆，到中亚、西亚、欧洲等国。故A正确。

98. 【答案】A

    【考点】本题主要考查西汉时期西域的地理概念。

    【解析】西域狭义上是汉以来对玉门关、阳关以西，葱岭以东地区的总称，广义则指凡通过狭义西域所能到达的地区，包括亚洲中西部，印度半岛，欧洲东部和非洲北部都在内，后亦泛指我国西部地区，故A正确。

99. 【答案】B

    【考点】此题考查记录中国最早海上航线史书的知识。

    【解析】最早见于史书记载的海上航线，是《汉书·地理志》所记的从西汉帝国的南疆到达印度洋的海上交通路线，即从今广东出发，经东南亚抵达今印度东岸和斯里兰卡，故B正确。

100. 【答案】C

    【考点】此题考查郑和下西洋路线的知识。

    【解析】从明永乐三年（1405）到宣德八年（1433），郑和及其副手王景弘受明成祖朱棣和明宣宗朱瞻基的派遣，先后七次率领庞大的船队，扬帆远航。他们从苏州刘家港（今江苏太仓市浏河镇）出发，经越南南部、爪哇、苏门答腊和斯里兰卡，到达印度西岸，最远到达红海、非洲东海岸的索马里和肯尼亚，故C正确。

说明：第三部分"综合素质"为情境判断题，主要考查考生的个人态度倾向，没有统一的标准答案。